Invitation à écrire

Invitation à écrire

Deuxième édition

Volume 2 : De la réflexion à l'imagination

Catherine Black et Louise Chaput

Canadian Scholars' Press Inc.
Toronto

Invitation à écrire, deuxième edition
Volume 2 : De la réflexion à l'imagination
by Catherine Black and Louise Chaput

First published in 2016 by
Canadian Scholars' Press Inc.
425 Adelaide Street West, Suite 200
Toronto, Ontario
M5V 3C1

www.cspi.org

Copyright © 2016 Catherine Black, Louise Chaput, and Canadian Scholars' Press Inc. All rights reserved. No part of this publication may be photocopied, reproduced, stored in a retrieval system, or transmitted, in any form or by any means, electronic, mechanical, or otherwise, without the written permission of Canadian Scholars' Press Inc., except for brief passages quoted for review purposes. In the case of photocopying, a licence may be obtained from Access Copyright: One Yonge Street, Suite 1900, Toronto, Ontario, M5E 1E5, (416) 868-1620, fax (416) 868-1621, toll-free 1-800-893-5777, www.accesscopyright.ca.

Every reasonable effort has been made to identify copyright holders. CSPI would be pleased to have any errors or omissions brought to its attention.

Library and Archives Canada Cataloguing in Publication

Black, Catherine, 1954–, author
Invitation à écrire / Catherine Black et Louise Chaput. — 2e édition.

Includes bibliographical references. Contents: Volume 2. De la réflexion à l'imagination. For English-speaking students of French as a second language.
Issued in print and electronic formats.
ISBN 978-1-55130-903-3 (volume 2 : paperback).—ISBN 978-1-55130-904-0
(volume 2 : pdf).—ISBN 978-1-55130-905-7 (volume 2 : epub)

1. French language—Written French. 2. French language—Composition and exercises.
3. French language—Textbooks for second language learners—English speakers.
I. Chaput, Louise, 1958–, author II. Title.

PC2129.E5B53 2016 448.2'421 C2016-901954-3 C2016-901955-1

Text design by Susan MacGregor/Digital Zone
Cover design by Em Dash Design

16 17 18 19 20 5 4 3 2 1

Printed and bound in Canada by Webcom

MIX
Paper from responsible sources
FSC® C004071

Table des matières

Avant-propos

« Bien écrire, c'est déjà presque bien penser, et il n'y a pas loin de là jusqu'à bien agir. »

Thomas Mann

La deuxième édition de *Invitation à écrire* comprend deux manuels, qui ont été conçus pour les niveaux intermédiaire et avancé. Le Volume 1 est plutôt destiné aux étudiants[1] de niveau B1-B2, alors que le Volume 2 vise plutôt les étudiants de niveau C1-C2 du CECR (Cadre européen commun de référence). Ces niveaux de compétence correspondent, aux États-Unis, aux directives du Conseil américain pour l'enseignement des langues étrangères (American Council on the Teaching of Foreign Languages, ACTFL) pour la compétence linguistique écrite au niveau intermédiaire élevé (Volume 1) et avancé en français (Volume 2).

Avec le Volume 2, les étudiants de niveau C1 du CECR peuvent « utiliser la langue de façon efficace et souple dans sa vie sociale, professionnelle ou académique, peuvent s'exprimer sur des sujets complexes de façon claire et bien structurée et manifester le contrôle des outils d'organisation, d'articulation et de cohésion du discours. » Ceux du niveau C2 du CECR sont aptes à « restituer faits et arguments de diverses sources écrites et orales en les résumant de façon cohérente. Ils peuvent s'exprimer spontanément, très couramment et de façon précise et peuvent rendre distinctes de fines nuances de sens en rapport avec des sujets complexes » (France Langue, n.d.).

Les étudiants du Niveau Avancé Moyen (ACTFL) sont « capables de rédiger des résumés directs sur des sujets d'intérêt général. Les textes rédigés présentent une grande variété de formules de cohésion et peuvent contenir plusieurs paragraphes. » Ces étudiants « maîtrisent bien les structures syntaxiques les plus fréquemment utilisées dans la langue cible, ainsi qu'une gamme de vocabulaire général. Le plus souvent, leurs pensées sont exprimées clairement et soutenues par quelques explications. » Ceux du Niveau Avancé Haut (ACTFL) sont « capables d'écrire sur une variété de sujets avec une précision importante et en détail. Ils peuvent gérer la correspondance formelle et informelle selon les conventions appropriées. Ils parviennent à rédiger des résumés et des rapports de nature factuelle. Ils peuvent également écrire longuement sur des sujets relatifs à des intérêts particuliers et des domaines de compétence particuliers, bien que leurs écrits tendent à mettre l'accent sur les aspects concrets de ces sujets. » Ces étudiants « peuvent raconter et décrire aux temps principaux du présent, passé et futur, avec un contrôle solide de l'aspect… Ils ne peuvent pas produire des textes de niveau Supérieur de manière consistante sur une variété de sujets traités de manière abstraite ou générale, mais ils ont une bonne maîtrise d'un ensemble de structures grammaticales et un vocabulaire général assez large. Lorsqu'ils écrivent au niveau Avancé, ils font souvent preuve d'une remarquable aisance d'expression, mais dans le cadre des attentes du niveau Supérieur, des schémas d'erreur surgissent » (ACTFL, n.d.).

C'est un outil d'apprentissage qui tient compte des recherches effectuées dans le domaine de l'écriture chez les apprenants en FLE (Français Langue Étrangère). Pour cela, il met l'accent sur l'observation, l'imitation, le travail en groupe, la révision et **l'apprentissage en étapes** qui permettent de démystifier l'écrit dans une langue étrangère, comme l'ont démontré entre autres White et Caminero (1995). *Invitation à écrire* vise la rédaction de divers textes en adoptant une approche axée sur l'écriture créative et sur l'expérientiel.

Étant donné que ces deux ouvrages présentent divers travaux écrits, il est concevable de les diviser et de les utiliser dans plusieurs cours de langue. Ainsi la description et le récit peuvent aisément être étudiés dans un cours de première année pendant le semestre d'automne. Les techniques de base du résumé et la synthèse d'articles pendant le deuxième semestre. Le deuxième manuel peut également être couvert sur deux semestres en deuxième année.

Au départ, nous avons conçu ces manuels pour compléter un cours de langue et non pour être employé seul, puisque les cours en technique de l'écriture ne sont pas offerts dans toutes les universités. Or, on peut aisément imaginer qu'ils pourraient avoir cette fonction.

Signalons que les livres du professeur contiennent le corrigé des exercices.

Chaque chapitre comprend donc :

- une révision des notions de grammaire en fonction du type de texte à composer;
- un travail d'observation où, dans un premier temps, l'étudiant lit, analyse la structure et le contenu des textes modèles extraits d'œuvres littéraires et de journaux, et, dans un deuxième temps, fait une série d'exercices d'application;
- une réflexion avec le professeur sur les différentes étapes à suivre pour écrire soit une description, soit un récit, soit un résumé, soit une synthèse d'articles dans le premier manuel. Le texte argumentatif, la revue critique de film, le compte rendu de nouvelle ou de roman, la publicité et le texte expressif ou créatif sont traités dans le deuxième manuel. Pour chaque genre, l'accent est mis non seulement sur la grammaire, la syntaxe et le style, mais aussi sur l'organisation du texte, c'est-à-dire sa structure interne;
- un travail de rédaction en plusieurs étapes :
  - un remue-méninge sur la structure du texte, et le premier jet suivi d'une correction systématique avec un correcticiel (*Antidote* ou *Correcteur 101*);
  - un passage au crible avec des grilles de révision personnelles qui exigent une lecture attentive du premier jet;
  - une mise en commun avec un collègue. À ce stade, l'apprenant va échanger la première version de son travail avec celle d'un collègue / étudiant. Chacun va relire le texte de l'autre avec attention et remplir une grille d'évaluation. Ce travail est suivi d'une discussion qui est capitale dans le processus d'écriture, car elle permet de vérifier si l'on connaît et si l'on peut justifier l'emploi de tel ou tel mot, ou de telle ou telle règle de grammaire;
  - une deuxième révision dans laquelle l'apprenant corrige son texte une dernière fois avant de le soumettre au professeur;

- la version 1 est corrigée de façon codée par le professeur qui l'évalue selon les critères suivants : la structure globale du texte en fonction du genre, l'organisation interne, la richesse du vocabulaire, la précision grammaticale;
- une nouvelle étape de révision basée sur les corrections codées et les commentaires du professeur. L'utilisation d'un correcticiel est recommandée une seconde fois;
- la constitution du dossier à remettre au professeur qui contient les versions 1 et 2, les grilles de corrections personnelles et d'évaluation du collègue.

NOTE

1. Dans ce manuel, le masculin est employé à des fins épicènes pour une simplification de l'écriture.

« C'est écrire qui est le véritable plaisir; être lu n'est qu'un plaisir superficiel. »

Virginia Woolf

Chapitre 1

Le texte argumentatif

« Dans la société démocratique, telle qu'elle se développe secteur par secteur,
il faut de plus en plus savoir argumenter, exposer ses idées à la discussion
et discuter les idées des autres. »

Alain Renaut

L'argumentation est le point culminant de tout exercice d'écriture. Nous avons vu, dans le premier manuel, qu'écrire une description ou une narration comporte une part de fantaisie, d'imagination, qui demande un certain ordre pour être compréhensible et intéressant. Quant au résumé de texte et à la synthèse d'articles, ils se caractérisent par l'objectivité. Il en est tout autre du texte argumentatif, qui, au contraire, est entièrement voué à défendre le point de vue de celui qui écrit, c'est-à-dire de persuader son lecteur qu'il a raison (l'émouvoir par des exemples), mais surtout de le convaincre (en argumentant avec des faits, des études, des statistiques).

Avant de présenter plus en détails les caractéristiques de l'argumentation, il convient de se poser des questions d'ordre plus général :

1. Où trouve-t-on des textes d'idées?

____

____

2. En quoi un texte argumentatif diffère-t-il d'une composition narrative ou descriptive?

____

____

____

____

____

3. En quoi est-il similaire?

____

____

Travail préparatoire : de quoi a-t-on besoin pour rédiger un texte argumentatif?

Comme il s'agit **de prendre position** dans le texte argumentatif, l'auteur peut exprimer son point de vue en ayant recours :

- au pronom *je* : qui traduit l'engagement de l'auteur envers le sujet;
- au pronom *nous* : qui laisse un doute sur les personnes désignées (l'auteur ou plusieurs personnes);
- à des formes impersonnelles (sujet impersonnel *il*, verbes à l'infinitif) : qui expriment une certaine distanciation par rapport aux arguments;
- à des modalisateurs (*évidemment, peut-être*, etc.) : qui permettent à l'auteur de prendre une position par rapport à son énoncé;
- aux propos d'autres personnes (discours rapportés et citations) : qui donnent plus de force à son argumentation;
- à des contre-arguments (*certes… mais*) : qui font preuve de concession chez l'auteur, mais qui renforcent aussi sa position.

Les types de modalisateurs :

Les mots ou expressions qui traduisent un jugement, un degré de certitude ou d'incertitude sur les propos tenus. Voici un tableau de quelques modalisateurs.

TABLE 1.1 Les modalisateurs

Adverbes	correctement, incontestablement, certainement, indéniablement, peut-être, probablement, assurément, certainement, etc.
Expressions impersonnelles	Il est faux de penser que, il est douteux que, il semble que, il se peut que, il est possible que/de, il apparaît que, il est important que/de, il est certain que, il est évident que, etc.
Autres expressions	à mon avis, d'après moi, à ma connaissance, à ce que l'on dit, d'après les critiques, selon toute vraisemblance, à coup sûr, sans aucun doute, de toute évidence, etc.
Noms et adjectifs connotatifs	dégradant, paresseux, monstruosité, intello (intellectuel), méprisant, incontournable, poulets (policiers), etc.
Verbes d'opinion	douter, prétendre, supposer, penser, croire, affirmer, souhaiter, etc.

Emploi du conditionnel pour atténuer ses propos ou exprimer un doute (distanciation)	Il faudrait, nous devrions, il pourrait (atténuation) Verbes au conditionnel pour exprimer un doute : Ex. : Selon… le port du casque ne protégerait pas le cycliste Ex. : Les OGM ne seraient pas nocifs pour la santé.
Phrases interrogatives, exclamatives et impératives	Ex. : Révoltez-vous!

Premier texte modèle

Vive l'école à la maison! (475 mots)

A-t-on absolument besoin de structures scolaires pour l'instruction de ses enfants? De plus en plus de parents – anglo-saxons surtout – répondent par la négative et choisissent de faire eux-mêmes l'école à leur progéniture, sous leur toit. Aux États-Unis, les enfants concernés par ce *home schooling* étaient environ 50,000 dans les années 1980; ils sont maintenant 1,5 million, d'après les estimations du magazine *Education Week*. Ces « marginaux » ne représentent qu'à peine 3 % des enfants en âge d'être scolarisés, mais le mouvement s'amplifie, d'autant que le *home schooling* est maintenant autorisé dans tous les États américains.

En Europe au contraire, l'école à la maison n'est souvent tolérée qu'à titre exceptionnel, sauf au Royaume-Uni, où environ 10 000 enfants sont ainsi formés, en Suisse, où le phénomène reste cependant très marginal et… en France. En effet, depuis 1959, la loi française stipule que l'instruction « *peut être donnée soit dans les établissements ou écoles publics ou libres, soit dans les familles par les parents, ou l'un d'entre eux, ou toute personne de leur choix* ». Un autre texte adopté en 1998 par le Parlement précise que les parents doivent suivre les programmes nationaux et qu'un inspecteur d'Académie doit contrôler le travail de l'enfant une fois l'an. Une centaine de familles françaises se plient à ces contraintes, le plus souvent au niveau du primaire.

Pourquoi opter pour l'école à la maison? Aux États-Unis, une partie des parents mettent en avant des considérations religieuses : les protestants pratiquants sont les plus nombreux à vouloir se charger eux-mêmes de l'instruction de leurs enfants. Les autres parents sont, comme en Europe, « *mécontents du système scolaire tel qu'il fonctionne, avec son lot de sélections précoces, de compétitions stériles, de médiocrité conformiste, de violences en tous genres, et finalement d'échecs* », résument les responsables de l'association *Les Enfants d'abord*. D'autres familles ont choisi cette solution parce qu'elles se déplacent souvent ou parce que leur enfant traverse une période de grave phobie scolaire.

D'après la seule étude d'envergure réalisée en 1986 à la demande des autorités fédérales américaines, ces élèves « pas comme les autres » ont obtenu des résultats supérieurs à la moyenne nationale dans leurs évaluations. Leur admission à l'université ne pose aucun problème.

L'école à la maison serait-elle une panacée, du moins pour les parents qui ont des talents pédagogiques ou, à défaut, les moyens financiers de l'offrir à leurs enfants? Aux États-Unis, les syndicats d'enseignants estiment que le *home schooling « ne peut fournir un enseignement complet aux élèves »*. De plus, certains redoutent que les enfants soient surprotégés et coupés du reste du monde. Nombre d'élèves instruits à la maison sont « *parfaitement capables de démentir les fantasmes d'enfants sauvages ou embrigadés, récurrents dans notre vieille France jacobine et uniformisatrice* », opposent les responsables des *Enfants d'abord*. Dans tous les pays concernés cependant, le débat est ouvert.

Martine Jacot (2002)

Exercices d'application

1. Comment peut-on connaître immédiatement la position de l'auteure?

____

2. Dans quelle partie retrouve-t-on les arguments contre? Pourquoi?

____

3. Afin de donner de l'autorité surtout aux arguments POUR l'école à la maison, qu'est-ce que l'auteure utilise?

____

4. Comment l'auteure termine-t-elle sa conclusion?

____

5. Donnez le plan du texte en résumant chacun des paragraphes.

paragraphe 1 : ____

parag. 2 : ____

parag. 3 : ____

parag. 4 : ____

parag. 5 : ____

6. Faites l'arbre sémantique ci-dessous en remplissant les boîtes avec les arguments POUR et CONTRE tirés du texte.

FIGURE 1.1

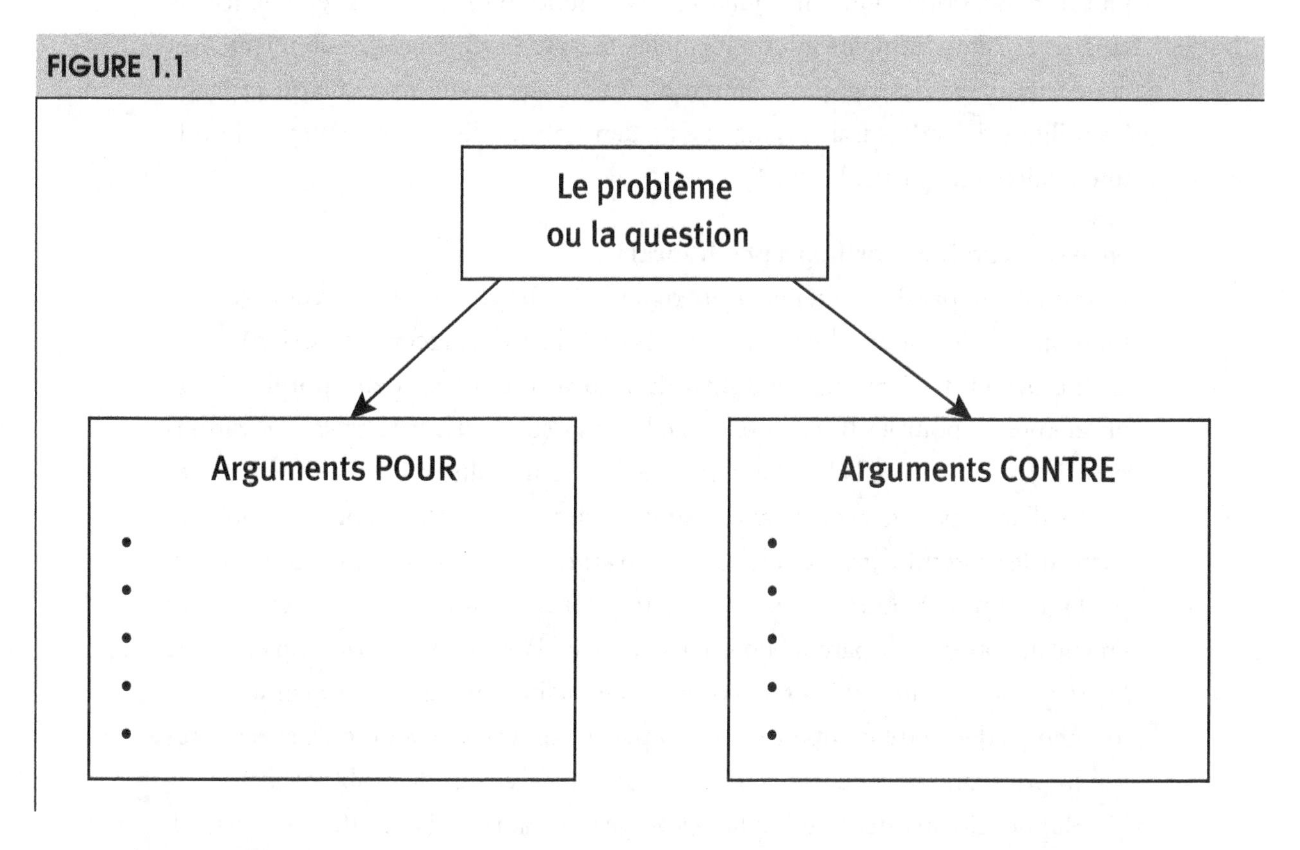

Deuxième texte modèle

Il était un petit navire ... (985 mots)

Permettez-moi de m'adresser, en professeur de français, à d'autres professeurs de français. Si j'avais des recommandations à formuler envers les enseignants « du terrain », les fantassins de première ligne qu'agacent parfois les théories tombées de je ne sais quel état-major, je m'en tiendrais à quatre propositions.

Ne pas exagérer les difficultés de la langue française
Le français fait un peu peur (dans les colloques scientifiques où un étranger prend la parole en français, il n'est pas rare que l'orateur se croie tenu de s'excuser de ses insuffisances, alors que cette humilité n'est nulle part de mise en anglais). Rendez le français aimable. Donnez-en une image fraîche et accorte au lieu de le présenter comme une rombière acariâtre.

Exemple : la conjugaison. Il paraît que les collèges anglais du XIXe siècle, lorsque tous les châtiments – y compris corporels – avaient échoué sur un élève particulièrement rebelle, prévoyaient la conjugaison « à tous les modes, à tous les temps » d'un verbe français : terreur et capitulation garanties! Montrer plutôt, non les prétendues irrégularités (l'« exception » n'existe pas en science : la langue, création humaine et non formelle, au sens mathématique du terme, suit concurremment des logiques différentes), mais insistez sur les régularités : parmi les milliers de verbes français, on n'en a dénombré que 153 présentant ici ou là une quelconque particularité.

Ne pas surévaluer l'orthographe française

Commençons par distinguer en toute rigueur l'orthographe lexicale (qui exerce la mémoire) et l'orthographe grammaticale (qui devrait exercer la réflexion).

Le destin de l'orthographe lexicale française tient en deux nombres : 36 phonèmes et, pour les transcrire, les 26 lettres issues à deux ou trois innovations près (le *j*, le *w*, le *k*) de l'alphabet latin. Ce déficit, il a fallu le combler pour toutes sortes d'astuces : les accents aigus, graves, circonflexes, le tréma, la cédille; et surtout les assemblages de lettres en digrammes, trigrammes, tétragrammes, pentagrammes. Ajoutez une série de lettres parasites importées à la Renaissance en vue de souligner la parenté du français avec les langues nobles (le latin et même le grec) et le tableau – noir – sera complet. Le malheur n'était pas trop grand aussi longtemps que cette compétence est apparue comme une affaire de spécialistes (les imprimeurs) ou de cuistres (les Trissorin et les Vadius de Molière)...

Rappelez-vous du reste *Le Bourgeois gentilhomme*. À l'acte II, scène VI, M. Jourdain, pris – fortune faite – d'une fringale de connaissance, veut rattraper le temps perdu et étudier. Son maître de philosophie lui présente un éventail de disciplines. La logique? Trop rébarbative. La morale? Trop contraignante. La physique? Trop bruyante. « *Que voulez-vous donc que je vous apprenne?* » demande le mentor. Réponse de M. Jourdain : « *Apprenez-moi l'orthographe.* » La réplique déclenchait l'hilarité au grand siècle; aujourd'hui, elle tombe dans un silence glacé et l'acteur se hâte d'enchaîner : « *Après vous m'apprendrez l'almanach, pour savoir quand il y a de la lune, et quand il n'y en a point.* »

Heureusement, l'enseignant retrouve sa liberté d'initiative vis-à-vis de l'apprentissage de l'orthographe grammaticale. On n'aurait en guise d'illustrations que l'embarras du choix (l'accord de *tout* adverbe, le pluriel des noms composés, l'accord du verbe, de l'attribut)...

Ne pas surestimer la grammaire scolaire

La grammaire scolaire est une création française. Le premier manuel destiné à des élèves date de l'abbé Lhomond – l'auteur aussi du *De viris illustribus* – en 1780, deux cents ans tout juste avant la onzième et dernière édition du *Bon usage* ou « la grammaire des grammaires scolaires », sous la direction de Grevisse (1980). Sa mission a été de donner une teinture de sérieux – en fait, un faux-semblant

– au dressage orthographique. Cette grammaire-là, ayons le courage de le dire, ne sert à rien pour le français oral et à pas grand-chose pour le français écrit. Le grammairien se campe un peu à la manière d'un pompier pyromane, qui boute le feu afin de se donner les gants d'éteindre l'incendie. Mon conseil : enseigner la langue avec le moins possible de grammaire.

Ne pas négliger la linguistique

Prenons garde, toutefois, à ne pas jeter l'eau du bain de la grammaire scolaire. J'ai souvent répété à mes propres élèves : « *Moins de grammaire normative, et moins tôt, mais plus de grammaire scientifique, et plus tard.* » Ce qui est vrai du français langue maternelle l'est *a fortiori* du français langue étrangère.

Expliquons-nous. Si un francophone français, belge, suisse ou québécois entend dire ou lit dans un manuel quelconque que « *l'imparfait est le temps des évènements qui durent ou se répètent* », il enregistrera cette contrevérité (mais qui a la vie dure) distraitement et ne s'étonnera pas de rencontrer des phrases comme « *Sans la présence d'esprit du mécanicien le train déraillait* » (où le prétendu procès n'a pas eu lieu) ou celle-ci, authentique, extraite d'un article de journal : « *Vers midi, le 31 juillet 1944, aux commandes de son P-38 à double fuselage, Antoine de Saint-Exupéry disparaissait en mer* » (un procès qui, évidemment, ne dure ni ne se répète).

Une grammaire scientifique se donnera mission de pallier l'absence de conscience linguistique naturelle, de la récréer artificiellement par un programme (j'emploie le mot à dessein) aussi économique que possible : en termes chomskyens une « compétence », en termes guillaumiens un « *schéma sublinguistique* », bref les instructions en petit nombre à partir desquelles l'usager sera capable de créer des énoncés en nombre illimité sans avoir eu besoin de les entendre au préalable.

J'ai l'espoir – et plus que l'espoir : l'intime conviction – que l'apprentissage du français à l'étranger, s'il réussit à se sortir des rigidités françaises et assimilées, sera pour nous une chance. « Je le leur arrangerai leur sabir! » s'exclamait l'Irlandais Samuel Beckett.

Le français n'est pas le *Titanic* et l'anglais n'est pas un iceberg. Et il nous appartient, à nous, passagers de toutes les classes et de tous les ponts, de conduire le navire à bon port.

Jacques Wilmet (2008, pp. 40-41)

Observation du texte

La prise de position

1. Qui est l'auteur?

____

2. Connaît-on la position de l'auteur dans le premier paragraphe d'introduction?

____

3. Quelle est la position de l'auteur en ce qui concerne l'enseignement du français?

____

4. L'auteur a recours à des intertitres, lesquels? Qu'indiquent les intertitres?

____

____

5. Qu'y a-t-il de commun aux 4 intertitres?

____

____

6. Le ton dominant de l'article est-il humoristique, sarcastique, analytique, didactique ou informatif?

____

7. Comment se traduit l'engagement de l'auteur dans le texte?

____

____

____

____

8. Comment l'auteur s'adresse-t-il à ses lecteurs?

____

____

____

9. Indiquez les divers modalisateurs auxquels a recours l'auteur. Relevez quelques exemples du texte.

___

___

___

10. Sur quoi l'auteur fonde-t-il son argumentation pour convaincre ses lecteurs?

___

___

11. Dans le texte, avez-vous relevé des contre-arguments?

___

12. Même dans un texte argumentatif, on peut utiliser des comparaisons et des métaphores pour frapper l'imagination. Trouvez une métaphore dans le 1er paragraphe.

___

13. Comment l'auteur termine-t-il son texte?

___

14. Le texte est-il facile ou difficile à comprendre? Pourquoi?

___

Vocabulaire

15. Les termes linguistiques :
    - L'orthographe lexicale fait référence à l'orthographe d'un mot.

Complétez les phrases incomplètes :

- Le lexique fait référence à…
- L'orthographe grammaticale : les accords des mots.
- La grammaire fait référence à…
- Les phonèmes : la plus petite unité de la langue parlée qui sert à produire un changement de sens, par exemple les mots *sa* et *si* contiennent deux phonèmes : /*sa*/ et /*si*/ qui distinguent leur sens.

- Le français possède 36 phonèmes et _________________ lettres.
- Un digramme signifie deux lettres qui forment un son, par exemple, dans l'article **les,** les deux lettres *es* forment le son *è*.
- Un trigramme signifie….
- Un tétragramme signifie….
- Un pentagramme signifie…
- Un procès indique l'action exprimée par un verbe.
- Termes chomskyens : termes de la théorie du linguiste Chomsky.
- Les termes guillaumiens sont ceux de la théorie du linguiste...

16. Trouvez des synonymes ou des expressions synonymiques aux mots ou syntagmes dans le tableau suivant :

TABLE 1.2

1er paragraphe	les fantassins : un état-major : s'en tenir à :
2e paragraphe	se croit tenu de : de mise : accorte : une rombière : acariâtre :
3e paragraphe	les châtiments : prévoyaient :
5e paragraphe	phonèmes : combler : digrammes : parenté : un cuistre :
6e paragraphe	une fringale : un éventail de : tomber dans :
7e paragraphe	en guise de :
8e paragraphe	une teinture de : un faux-semblant : se campe : bouter le feu : se donner les gants d'une chose :
9e paragraphe	jeter le bébé avec l'eau du bain : a fortiori :
10e paragraphe	à dessein :

Troisième texte modèle

OGM : Les Raisons de la bataille (950 mots)

À la fin de l'été, les anti-OGM ont entamé une campagne d'arrachage du maïs génétiquement modifié pour dénoncer les risques de cette culture. Pourquoi une telle bagarre autour des OGM? Explications :

Qu'est-ce qu'un OGM?

Une plante, un animal, une bactérie, un champignon ou un virus qui possède un gène supplémentaire, c'est cela un organisme génétiquement modifié (OGM). Greffé en laboratoire, ce gène peut provenir de n'importe quelle autre espèce. Déjà des gènes de méduses rendent des pommes de terre phosphorescentes lorsqu'elles sont arrivées à maturité. Du maïs secrète une toxine tueuse d'insectes à l'aide d'un gène de bactérie. Les industriels disent vouloir utiliser cette technique pour créer des tomates plus fermes, du maïs plus résistant à plus de maladies, des céréales plus nutritives, et du coton qui pourrait pousser bleu, jaune ou rouge. Mais, pour l'instant, les modifications effectuées ne tendent que vers un seul but : augmenter le rendement.

La moitié des OGM cultivés possèdent le même « atout » : survivre aux herbicides les plus puissants et ainsi faciliter le travail de désherbage. Ils possèdent également un gène de bactérie qui tue les insectes essayant de les manger.

Quels sont les OGM cultivés en France?

Seul le maïs génétiquement modifié par la firme Novartis est autorisé à la culture et commercialisé en France. Ainsi, 200 ha de maïs modifié ont été semés en France en 1999. C'est peu. Cela risque de durer, car la France refuse toute demande de nouvelle mise en culture. Mais des fraudes existent. L'an dernier, 46 ha de plantations de soja contenant des OGM ont été repérés dans les départements de l'Hérault et des Bouches-du-Rhône. Ces cultures appartenaient à sept exploitants qui, semble-t-il, ne savaient pas que ces semences issues des USA contenaient des OGM.

En revanche, les chercheurs peuvent cultiver des OGM. Cela leur permet d'évaluer les risques et d'étudier l'efficacité de ces plantations. De nombreuses espèces sont mises en terre : maïs, betterave, colza, tournesol... En 2001, 138 champs expérimentaux ont été mis en place.

Les OGM sont-ils dangereux pour la santé?

Toutes les plantes génétiquement modifiées doivent passer devant des instances de contrôle. Comme pour les médicaments ou les pesticides, les fabricants doivent prouver que le produit qu'ils souhaitent commercialiser est inoffensif. Les risques directs pour la santé sont donc a priori évités. Mais deux problèmes sanitaires risquent, à terme, de se poser. Celui de la résistance aux antibiotiques et celui des risques d'allergies.

Premier point, la plupart des OGM contiennent des gènes permettant aux plantes de devenir résistantes aux antibiotiques. Or, de nombreux scientifiques pensent que ces gènes peuvent se multiplier, passer d'une espèce à l'autre. Du coup, les antibiotiques risquent de devenir de moins en moins efficaces, les plantes, les animaux, et même les hommes pouvant « attraper » ces gènes prévus pour leur résister. L'effet des antibiotiques pourrait devenir nul.

Quant aux risques d'allergies, ils peuvent se révéler inquiétants. Imaginez : une personne allergique à la cacahuète peut devenir allergique au soja s'il a été modifié avec le gène de cacahuète responsable de son allergie. Elle ne pourra plus manger de biscuits, de pain, de margarine, de saucisses, de crèmes glacées, de plats surgelés. Bref, toutes les préparations alimentaires contenant ce soja modifié… En mélangeant les gènes, on risque de créer des allergies non plus ciblées, mais généralisées.

Les OGM menacent-ils l'environnement?

En libérant leurs grains de pollen, les plantes disséminent leurs gènes au gré du vent. Les gènes modifiés peuvent ainsi féconder des plantes sauvages. En 1996, les industriels affirmaient que, pour le maïs avec OGM, le transfert de gène était impossible. Le contraire a ensuite été prouvé.

L'utilisation de colza et de betteraves génétiquement modifiés est interdite en France, car ces espèces risquent de se croiser avec des « cousines sauvages ». Des études récentes de l'Institut national de la recherche agronomique (INRA) ont montré que le gène de résistance à un herbicide implanté dans le colza pouvait se retrouver dans une mauvaise herbe apparentée, qui devient fertile et insensible aux herbicides.

Autre danger, la pollution des sols et des nappes phréatiques. Dans le soja avec OGM, un gène rend la plante tolérante à un herbicide qui tue toutes les plantes, bonnes ou mauvaises. Dans une culture naturelle, on utilise peu ces herbicides, car la plante en souffrirait. Pour les OGM, on augmente les doses afin d'en accroître la rentabilité.

Les anti-OGM ont-ils raison de vouloir arracher des champs cultivés?

Cet été, des militants anti-OGM ont arraché des cultures de maïs génétiquement modifié. Ces plants, comme la plupart des cultures d'OGM en France, étaient destinés à la recherche. Roger-Gérard Schwartzenberg, le ministre de la Recherche, a déploré ces destructions : « Il faut que la recherche puisse voir ce que sont les avantages et les risques éventuels des OGM ».

Le ministre de l'Agriculture, Jean Glavany, a de son côté nuancé : « Il faut faire un tri parmi les essais d'OGM ». Pour lui, la recherche publique est justifiée, car elle étudie les risques. Celle des industriels l'est moins, car elle vise à « mettre au point des plantes encore plus résistantes, pour vendre encore plus d'herbicides ». Le ministre assure qu'il « prendra en compte les intérêts et les objectifs des essais d'OGM avant d'accorder ou non une autorisation d'expérimentation en plein champ ».

Mais le problème de dissémination des gènes d'un champ à l'autre reste le même, que la culture soit réalisée à des fins publiques ou privées. Et, pour survivre, la recherche publique est financée en partie par des industriels… Ne devrait-on pas étudier les risques à l'intérieur d'une serre ou d'un labo? Il est peut-être trop tôt pour faire des essais en plein champ, parmi d'autres cultures.

David Groisin (2001)

Observation du texte

1. Êtes-vous pour ou contre les OGM?

   ____

2. Que pensez-vous du texte? Qu'en retenez-vous?

   ____

   ____

3. Le texte est-il convaincant? Pourquoi?

   ____

4. En combien de grandes parties est-il divisé?

   ____

5. Complétez l'arbre sémantique qui suit en remplissant les boîtes avec les arguments POUR et CONTRE tirés du texte.

FIGURE 1.2

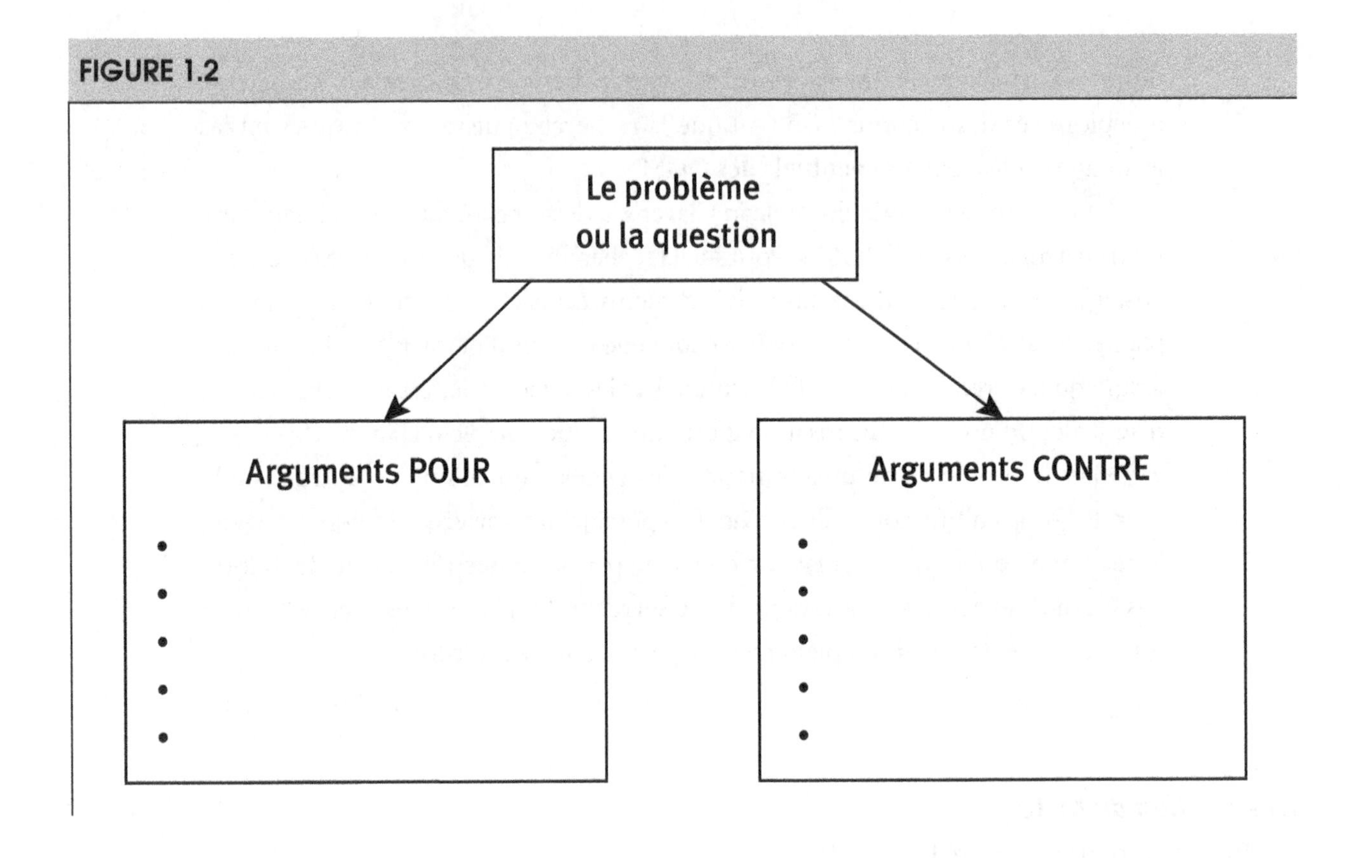

Analyse comparative des trois textes

1. En quoi ces textes argumentatifs sont-ils différents de forme?

   Le premier texte : ____

   ____

   Le deuxième texte : ____

   ____

   Le troisième texte : ____

   ____

   ____

2. Posent-ils tous une question ou un problème? Si oui, lequel ou laquelle?

   ____

   ____

   ____

3. Y a-t-il une idée par paragraphe? En général, où se retrouve-t-elle?

____

4. Cette idée est-elle toujours un argument en faveur ou contre le problème posé?

____

5. Qu'est-ce qui renforce chaque argument présenté?

____

6. Y a-t-il plusieurs exemples par argument?

____

7. Les arguments sont-ils présentés du plus général au plus précis ou plus fort? Pourquoi cette présentation d'après vous?

____

____

____

____

____

____

Trois démarches d'argumentation

Il existe trois sortes de plan argumentatif :

- **Le plan dialectique** composé d'une **thèse** qui présente un point de vue particulier que l'on s'engage à justifier, avancer, défendre, et d'une **antithèse** s'opposant et contredisant la thèse précédente, et, en conclusion, d'une **synthèse**. Voir l'Appendice 13.
- **Le plan américain** qui, après avoir posé la question, l'illustre de quelques **exemples**, puis présente le **pour** et le **contre**, pour finalement conclure.
- **Le plan analytique** qui, se voulant plus objectif, présente les **faits** ou le problème, établit les **causes**, pour en arriver, en dernier lieu, à une **solution** ou à un consensus.

Exercices d'application

1. Quel type de plan s'applique plus ou moins à chacun des trois textes présentés, et dites en quoi ils sont parfois quelque peu différents?

   Le premier : ______________________________

   ____

   Le deuxième : ______________________________

   ____

   Le troisième : ______________________________

   ____

   Remarque : La prise de position de l'auteur peut être exprimée dans la première partie du texte (ex. : texte 1) ou encore elle peut être gardée pour la 2e partie (ex. : texte 3). Plutôt que de minimiser les arguments contre son point de vue, à la fin du texte, il est préférable de le défendre en dernier pour impressionner le lecteur.

2. Dans les trois essais, dans quelle partie du texte est exprimée la prise de position de l'auteur?

   ____

   ____

3. Choisissez 5 thèmes dans la liste proposée ci-dessous.

TABLE 1.3

La télévision et les enfants	La publicité	La santé
La liberté de penser	L'éducation	La musique
Les relations amoureuses	Le bonheur	Le terrorisme
La bioéthique	La famille	Les États-Unis
L'informatique	Les médias	La mode

Maintenant, formulez un sujet précis pour chaque thème choisi.

Évitez d'employer POUR ou CONTRE dans le sujet.

Inspirez-vous de la formulation des sujets à controverse suivants :

Payer ou non pour les transports publics?

L'enseignement universitaire devrait-il être gratuit?

Le numérique occupe-t-il trop de place dans la vie des enfants?

Le bilinguisme est-il un rêve impossible au Canada?

Carrière et vie privée : une source de conflits?

Le téléphone cellulaire est-il trop dérangeant?

Thème 1 : ______________________________

Thème 2 : ______________________________

Thème 3 : ______________________________

Thème 4 : ______________________________

Thème 5 : ______________________________

Premier travail : Le remue-méninges

- Choisissez un des sujets ci-dessous ou mieux **trouvez-en un autre qui vous tient à cœur**. Sur une feuille séparée, faites un remue-méninges pour trouver, entre autres, les arguments POUR et CONTRE que vous ajouterez à votre dossier. Quand vous aurez terminé, remplissez le questionnaire ci-dessous. Utilisez un correcticiel *(Antidote, Correcteur 101)* pour vérifier l'orthographe et la grammaire.
- Le clonage
- Le phénomène Harry Potter
- Courir des risques pour se prouver quelque chose
- La gratuité des services médicaux
- L'étude des langues étrangères est essentielle aujourd'hui
- L'alcool sur le campus
- **Proposez un sujet au professeur**
- Quel est votre sujet?

____

- Quelles sont vos idées? Classez-les par ordre d'importance.

____

____

____

____

- Trouvez quelques exemples et faits pour justifier votre point de vue.

____

____

____

- Complétez l'arbre sémantique qui suit en remplissant les boîtes avec vos arguments POUR et CONTRE. Lorsque vous aurez fini, faites une copie de cette page et de la précédente et remettez-les à votre professeur.

FIGURE 1.3

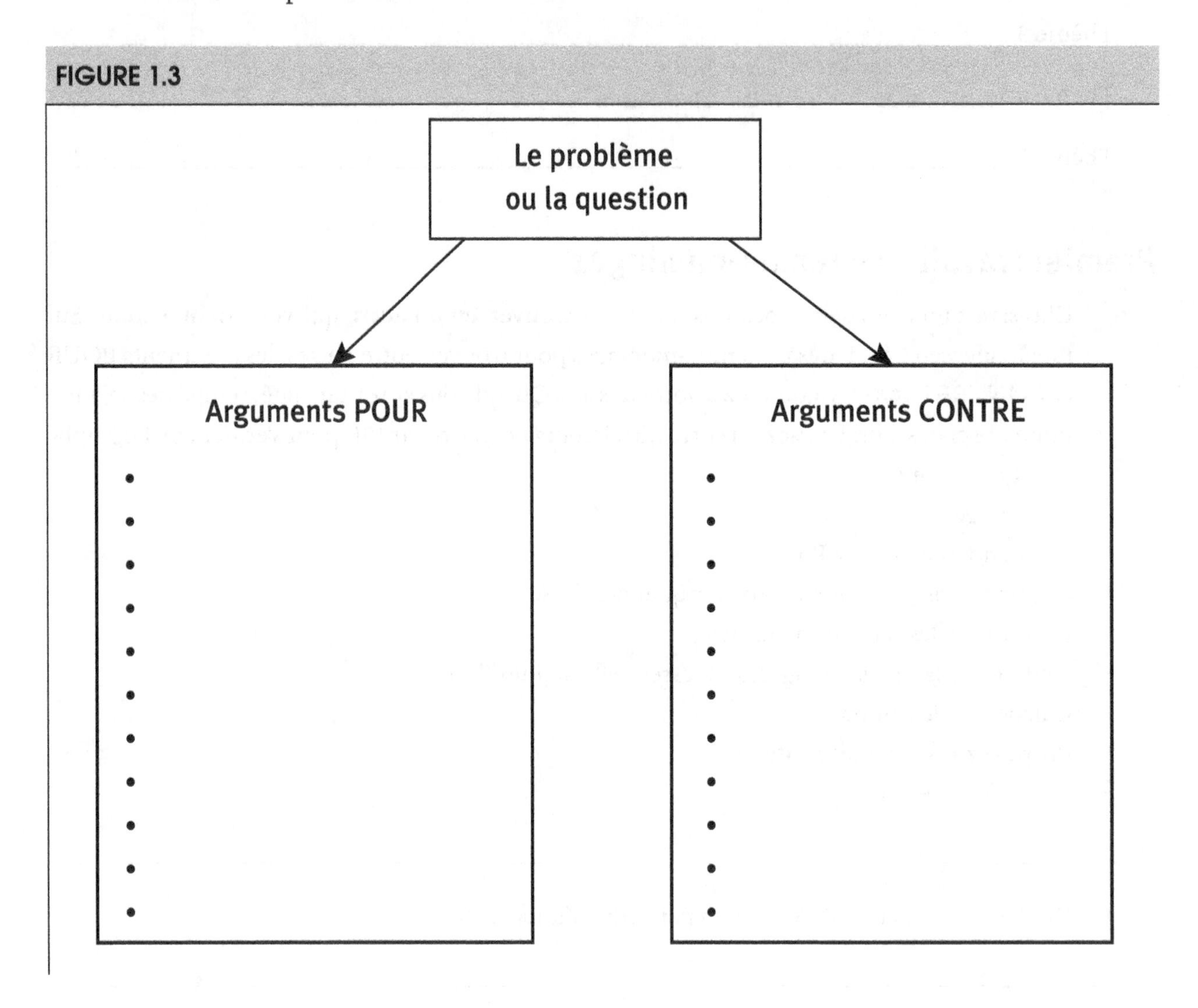

Le plan

Tout essai argumentatif comporte une *idée directrice* à expliciter, **votre prise de position personnelle**, et des *idées secondaires* qui développent celle-ci. Une fois en possession des données du sujet et de son idée directrice à la suite du remue-méninges, il faut *prévoir un ordre* qui permette de s'engager dans la recherche des *idées secondaires*. C'est la fonction du *plan-tableau provisoire*. Ce dernier servira de point de départ aux opérations de rédaction.

Les étapes du plan-tableau sont les suivantes :

- L'INTRODUCTION dans laquelle …
  - **le sujet est amené** : souvent en utilisant un exemple approprié ou une généralisation;

  - **le sujet est posé** : l'idée directrice spécifiant la question ou sujet à développer;
  - **le sujet est divisé** : ce que vous vous proposez de discuter dans votre essai.

- LE DÉVELOPPEMENT qui reprend de façon systématique et logique l'arbre sémantique de votre remue-méninges avec les arguments POUR et CONTRE de la question.

- LA CONCLUSION qui en premier lieu résume votre prise de position finale pour ensuite ouvrir la question à un débat futur plus éclairé, plus global et plus définitif.

Votre plan-tableau provisoire va vous fournir les cadres du développement qui vous aidera dans la **rédaction de votre brouillon.** Celui-ci consiste à développer vos *idées secondaires au courant de la plume ou du clavier,* sans autre souci que de les exprimer de la façon la plus exacte et la plus vivante possible, sous l'inspiration de *l'idée directrice* et conformément aux *données du sujet* mises en ordre dans votre plan-tableau.

Une fois cette première rédaction achevée, on reprend son plan-tableau pour y ajouter toutes les idées secondaires nouvelles. Ce deuxième état du plan-tableau est le *plan-tableau détaillé.* La *réflexion critique* consiste à relire la rédaction de son brouillon en gardant son plan-tableau détaillé à sa portée, pour décider de la qualité et de la solidité de son propre travail.

Exercices d'application

1. Voici, ci-dessous, les idées trouvées à la suite d'un remue-méninges à propos du POUR et du CONTRE en réponse au sujet : **À quoi sert la culture?**

   a) La culture sert de miroir au pouvoir narcissique dominant.
   b) La culture c'est la découverte de l'autre.
   c) La culture nous fait nous découvrir nous-mêmes.
   d) La culture nous permet d'ouvrir nos horizons.
   e) La culture favorise la compréhension des autres.
   f) La culture enrichit notre vie.
   g) La culture rend à chacun ses racines.
   h) Attention, une culture peut en cacher une autre et peut aussi, comme le train qu'on ne voit pas arriver, en tuer une autre.
   i) La culture c'est pour impressionner les pauvres.
   j) La culture sert à avoir l'air intelligent quand on passe à la télé.
   k) La culture sert de prétexte à envahir les autres peuples (pour leur apporter *notre* culture).
   l) La culture n'est qu'une histoire d'organisateurs de voyages pour faire acheter des cartes postales.
   m) La culture permet d'avoir bonne conscience et justifie l'impérialisme.
   n) La culture est un exercice d'égoïstes jaloux les uns des autres.
   o) La culture aide à faire croire que l'artiste est un être supérieur.
   p) La culture c'est le cadeau bonus de la société de consommation.
   q) La culture permet à ceux qui savent de faire honte à ceux qui ne savent pas. (Adapté de l'article de Ben Vautier, 1998)

2. Dans le plan-tableau suivant, classifiez les arguments du remue-méninges précédent en utilisant les numéros y correspondant.

Arguments POUR

Découverte de soi et enrichissement personnel : ______________

Découverte des autres : ______________

Arguments CONTRE

Consommation : ______________

Domination/prétention : ______________

Impérialisme : ______________

Voici un exemple de plan-tableau dialectique qui reprend les différentes catégories et leur contenu :

<u>Sujet :</u> **À quoi sert la culture?**

<u>Plan des idées principales du DÉVELOPPEMENT</u> :

<u>ARGUMENTS « POUR » :</u>

A. Découverte de soi et gain personnel :

3- La culture nous fait découvrir nous-mêmes.

7- La culture rend à chacun ses racines.

B. Découverte des autres :

4- La culture nous permet d'ouvrir nos horizons.

2- La culture c'est la découverte de l'autre.

5- La culture favorise la compréhension des autres.

<u>LIEN ENTRE LE « POUR » ET LE « CONTRE » :</u>

6- La culture enrichit notre vie... **MAIS**

17- La culture permet **AUSSI** à ceux qui savent de faire honte à ceux qui ne savent pas.

<u>ARGUMENTS « CONTRE » :</u>

A. Prétention et domination de l'autre :

15- La culture aide à faire croire que l'artiste est un être supérieur.

14- La culture est un exercice d'égoïstes jaloux les uns des autres.

10- La culture sert à avoir l'air intelligent quand on passe à la télé.

9- La culture c'est pour impressionner les pauvres.

B. Consommation :

16- La culture c'est le cadeau bonus de la société de consommation.

12- La culture n'est qu'une histoire d'organisateurs de voyages pour faire acheter des cartes postales.

C. Impérialisme :

1- La culture sert de miroir au pouvoir narcissique dominant.

8- Attention, une culture peut en cacher une autre et peut aussi, comme le train qu'on ne voit pas arriver, en tuer une autre.

13- La culture permet d'avoir bonne conscience et justifie l'impérialisme.

11- La culture sert de prétexte à envahir les autres peuples (pour leur apporter *notre* culture).

3. D'après vous, que manque-t-il au plan-tableau précédent et vous suggère-t-il d'autres remarques? (Comme référence consulter l'Appendice 13).

____

____

____

____

____

____

L'introduction

En général, on retrouve dans l'introduction d'un texte argumentatif l'entrée en matière qui présente et spécifie le sujet, puis esquisse le plan en avançant les idées que l'on va étudier. Selon la terminologie utilisée précédemment, le sujet est **amené** (exemples, définition ou généralisation), il est ensuite **posé** (question, problème), pour être enfin **divisé** (dialectique ou point de vue proposé).

Dans l'introduction, on emploie fréquemment des expressions pour amener le sujet. En voici quelques exemples ci-dessous :

- Aujourd'hui, tout le monde s'accorde à dire…
- Un problème dont il est souvent question aujourd'hui est celui de…
- Nous vivons dans un monde où …
- Depuis quelques temps, les problèmes de… font la une des journaux.
- Presque chaque semaine, on trouve dans la presse…
- Il n'est guère possible d'ouvrir le journal sans y découvrir…
- Récemment, on a beaucoup entendu parler de… à la télévision et dans la presse…

Exemple 1 (115 mots)

D'un côté, les défenseurs de la mondialisation. De l'autre, les opposants. Entre les deux, un gouffre. Pour les uns, elle apporterait à chacun la meilleure chance de participer à l'enrichissement général. Pour les autres, elle serait coupable de tout ce qui ne va pas dans le monde. De toute façon, comme l'écrit David Cohen, « la mondialisation est devenue une aventure obligée ». Nos économies sont tellement imbriquées les unes dans les autres qu'il n'est plus pensable de se réfugier derrière ses frontières. Pour autant, rien n'empêche d'essayer de la rendre plus humaine. Mais il faut commencer par comprendre ce qu'est vraiment la mondialisation. Ou plutôt « les mondialisations », car il en existe plusieurs.

Frédéric Niel et Frédéric Bobin (2002)

Exemple 2 (60 mots)

Soif d'expériences limites, besoin de vivre intensément, les jeunes Français détiennent le record européen des conduites à risque. Vitesse excessive sur la route, alcool, cannabis... Entreprise de risque nécessaire et conduite suicidaire, la frontière est dangereusement floue et trop nombreux sont ceux qui s'y brûlent les ailes. Alors, comment vivre à fond et arriver entier à l'âge adulte?

François-Louis d'Argenson (2002)

Exercice d'application

1. En vous référant aux définitions des trois types de textes argumentatifs (dialectique, américain, analytique), en quoi les deux introductions sont-elles similaires ou différentes?

____

____

____

2. Quel titre vous suggère chaque introduction?

____

3. Retracez les trois étapes de chaque introduction (sujet amené, sujet posé, sujet divisé) en les divisant par un trait, les délimitant chacune.

____

____

____

____

____

____

4. Dans les deux exemples donnés, utilise-t-on des expressions pour amener le sujet? Si oui, lesquelles?

____

____

____

Deuxième travail : Le plan-tableau et l'introduction

1. Vous pouvez reprendre le sujet que vous avez choisi pour le premier devoir ou en choisir un complètement différent. Si c'est le cas, vous devrez recommencer le travail de remue-méninges et d'arbre sémantique pour la nouvelle question sur laquelle vous avez décidé d'écrire votre essai.
2. Il s'agit maintenant de mettre de l'ordre dans le premier travail en effectuant **un plan-tableau provisoire en suivant les trois étapes** (Introduction, Développement, Conclusion) telles qu'étudiées antérieurement. Pour vous aider, consultez aussi l'Appendice 13.
3. Écrivez maintenant **un paragraphe d'introduction. Longueur : 80-100 mots, double interligne, police *Times New Roman*, taille 12**. Pour introduire votre sujet, servez-vous de l'une des expressions étudiées précédemment, et suivez les étapes : sujet amené, posé, divisé.
4. Faites une copie de votre plan-tableau provisoire et de votre introduction, et échangez-la avec celle d'un collègue / étudiant. Assurez-vous que l'argumentation est cohérente et complète, et vérifiez l'orthographe et la grammaire. Écrivez vos commentaires avec un stylo de couleur, puis **discutez de vos remarques entre vous**, afin d'améliorer vos plans respectifs, ainsi que vos introductions. Reprenez chacun votre copie.
5. Corrigez votre plan-tableau et votre introduction en tenant compte des remarques de votre collègue et aussi des directives de l'Appendice 8, intitulé **« Les erreurs les plus fréquentes à éviter »**. Entre autres, faites attention de ne pas utiliser les tournures plates (*il y a, c'est*), les verbes non expressifs (*dire, faire, avoir, être, mettre, aller* et *devenir*), le nom « chose » et les pronoms « cela » et « ça »…
6. Avant de remettre ce travail au professeur, utilisez aussi un **correcticiel** (*Antidote, Correcteur 101*) pour vérifier s'il reste des fautes. Attention, c'est à vous d'utiliser cet outil informatique de façon intelligente. Vous serez amené à décider si les formes proposées comme corrections sont exactes. Réfléchissez bien.
7. Lorsque le professeur vous rendra **votre copie corrigée** de façon codée et commentée, éditez-la en suivant ses observations et en utilisant à nouveau un correcticiel si nécessaire. Cette correction servira de préparation au troisième travail qui consistera à développer et conclure votre sujet selon le plan-tableau définitif.

Le développement

Le développement consiste à présenter les arguments, POUR et CONTRE, et à donner des explications, ainsi que les exemples et faits qui vont vous permettre de justifier votre point de vue.

Lorsque vous avez fait l'observation des trois textes modèles, qu'avez-vous relevé concernant l'articulation du développement?

____

____

____

A. Comment présenter les arguments POUR (votre point de vue)

Afin de justifier votre prise de position et d'assurer une certaine véracité, il vous faudra utiliser des formules ou expressions rhétoriques, comme celles ci-dessous, amenant le lecteur à acquiescer.

TABLE 1.4
Il est sûr que (+ proposition)
Il est certain que (+ proposition)
Il est vrai que (+ proposition)
Il est exact que (+ proposition)
Il faut convenir/admettre que (+ proposition)
On peut dire que (+ proposition)
On affirme que (+ proposition)
Certains affirment que (+ proposition)
On pourrait penser que (+ proposition)

Toutes ces expressions sont suivies de **l'indicatif**.

Par contre, s'il y a un doute (douter, être douteux), une émotion (il est heureux que), un désir (désirer, préférer, souhaiter, vouloir), et une opinion négative ou interrogative (ne pas croire, espérer, penser), les verbes et expressions devront être suivis d'un **subjonctif**, tout comme les verbes et expressions impersonnels (il faut que, il semble que, il est nécessaire que, il est essentiel que).

Ces listes ne sont pas exhaustives, il est recommandé de consulter une grammaire.

Ex. : Il est certain qu'il pleuvra demain.

Ex. : Il n'est pas certain qu'il pleuve demain.

Ex. : On peut dire que l'économie du Canada est florissante.

Ex. : Peut-on vraiment penser que l'économie du Canada soit florissante?

Ex. : Il faut que vous soyez à l'heure.

On peut aussi employer des expressions suivies d'un nom :

TABLE 1.5
Tout en reconnaissant (+ nom)
Tout en admettant l'importance de (+ nom)

Ex. : Tout en reconnaissant les actes de bravoure des soldats, on peut toutefois se demander si cela justifie la guerre.

Exercice d'application

Reconstituez les phrases suivantes en remettant en ordre les mots et en faisant attention aux temps des verbes.

- Certains affirment/continuer/la violence/pendant longtemps au Moyen-Orient.

  ____

- Il est indispensable/au mariage de ta sœur/tu/aller.

  ____

- Il est douteux/les intégristes de ces deux religions/faire la paix entre eux.

  ____

- Je ne crois pas/le plus grand bateau du monde/le Queen Mary 2/être!

  ____

- Elles trouvent les garçons/faire des montagnes d'un rien.

  ____

B. Comment répondre aux arguments CONTRE (votre point de vue)

Toute argumentation défendant un point de vue donne lieu à une éventuelle réfutation qui tend à renverser le raisonnement initial. Pour ce faire, vous aurez besoin de charnières ou mots de transition permettant de contredire ou du moins de relativiser les affirmations de l'autre.

Exercice d'application

Trouvez un argument pour vous opposer à chacune des affirmations suivantes ou pour la nuancer :

- La publicité entraîne la consommation de produits inutiles, **toutefois** elle…

  ___

- Certains croient qu'apprendre l'histoire ne sert à rien. **Au contraire**, cette matière…

  ___

- On devrait censurer la presse actuelle. **J'admets que** celle-ci est parfois choquante, **mais…**

  ___

- On devrait interdire toute pornographie sur le réseau de l'Internet. **Il n'en demeure pas moins que**…

  ___

- La discipline dans les écoles secondaires n'est pas assez sévère. **En revanche**,…

  ___

- Le sport professionnel ne devrait pas exister; les salaires sont trop élevés**. Il est exact que** ces derniers sont exorbitants, par exemple ceux des joueurs de baseball, **par contre**…

  ___

C. L'agencement des arguments

Pour être valables, les arguments doivent non seulement être pertinents à la question et justes en eux-mêmes, mais ils doivent être organisés entre eux de façon cohérente, comme un théorème ou une formule mathématique.

D. Les articulations logiques

Nous l'avons vu précédemment, tout texte a besoin d'un ordre logique pour développer la pensée de façon cohérente. Ainsi les phrases, se suivant l'une l'autre, doivent être reliées entre elles par des charnières ou marqueurs de transition. Ces derniers servent donc à accepter ou présenter un argument ou à y apporter des nuances, à lier ou hiérarchiser deux ou plusieurs énoncés entre eux.

(Consultez la liste des articulations logiques dans **l'Appendice 11**.)

Exercices d'application

1. Remplissez les espaces vides avec les mots de transition de la liste qui suit. Lisez bien le texte et essayez d'être logique. N'oubliez pas que le rôle des marqueurs de transition est de faciliter la compréhension.

Ce que je veux dire	Par exemple	À ce propos (2 fois)	Par conséquent
Plus précisément	Ainsi (2 fois)	Pour illustrer ceci	Ajoutons à cela
Autrement dit	En somme	Tout cela pour dire que	
Je voudrais décrire			

Convaincre le professeur est bien difficile. ____________________ dans les exercices de composition que vous avez faits au cours du trimestre dernier, vous avez surtout décrit des personnages et des lieux. Vous n'avez pas essayé de convaincre le lecteur. ____________________, vous n'avez pas tenté de présenter des arguments logiques qui vont guider le lecteur où vous voulez le mener.

2. Complétez à présent le passage suivant dont vous imaginez être l'auteur :

____________________ les problèmes causés par la colonisation. ____________________, c'est que l'immigration coloniale provient de l'occupation militaire par un pays impérialiste qui s'approprie un territoire et place les autochtones en situation d'asservissement.

____________________, prenons le cas de l'occupation des continents américain et australien par les Européens qui ont réussi à submerger les populations d'origine par une forte immigration, ____________________ les quarante millions d'Européens qui sont venus minoriser les Amérindiens et les aborigènes australiens.

____________________, ajoutons que la république de Chine a tenté une expérience similaire dans les territoires autonomes. ____________________ elle a réussi à rendre minoritaires les populations turcophone du Xinjiang, mongole de la Mongolie, zuang du Guangxi et tibétaine du Tibet.

____________________, l'exemple de l'Israël, où les colonies submergent les territoires occupés dans lesquels les locuteurs parlent arabe. ____________________, mon ami Kevin, un Palestinien, a dû quitter sa terre ancestrale parce qu'elle faisait partie des territoires occupés par les Israéliens. Ses parents possédaient une ferme assez prospère. Un jour l'armée israélienne est arrivée et a exigé leur départ dans les vingt-quatre heures. Ses parents ont d'abord refusé de quitter cette terre sur laquelle plusieurs générations avaient vécu, mais sous les pressions journalières pendant lesquelles leurs champs étaient inondés ou saccagés, les fruits détruits lors de raids nocturnes, la famille est partie.

____________________ on voit bien que cette politique de colonisation par la force se poursuit toujours de nos jours.

E. Le paragraphe

Le développement se présente sous forme de paragraphes. Chacun développe une idée secondaire qui explicite l'idée directrice du sujet choisi par l'auteur. Chaque paragraphe se présente sous la forme d'un alinéa (*indented line*), sauf pour le premier paragraphe de l'introduction qui commence habituellement à la ligne. La longueur du paragraphe dépend des nécessités du développement de l'idée secondaire. Dans un devoir, il ne dépasse pas, en principe, une dizaine de lignes, mais il peut être plus court.

Dans un paragraphe, les phrases doivent s'enchaîner les unes aux autres de manière à ne pouvoir être permutées. En général, la nouvelle idée qui y est présentée se trouve énoncée au début, pour être précisée, expliquée par la suite.

Exercices d'application

1. Remettez en ordre logique, en les numérotant (dans les parenthèses), les phrases de chaque paragraphe de l'article suivant.

La Caféine pour planer (175 mots)

Elle se présente sous forme de gélules de 300 mg à absorption lente. ( ) Des études montrent en effet que la CLP élève le degré de vigilance et les performances cognitives des sujets fatigués. ( ) L'armée française envisage de faire prendre de « la caféine à libération prolongée » (CLP) à ses commandos, ses pilotes et ses navigateurs qui se trouvent à bord des avions et hélicoptères. ( )

Elle semble aussi produire des effets bénéfiques chez les personnes qui souffrent du décalage horaire et pourrait donc être utile aux soldats engagés dans des missions de longue durée où les heures de sommeil sont réduites. ( ) L'intérêt de la CLP réside dans le fait qu'elle n'atteint jamais le niveau de concentration à partir duquel celui qui en prend subit les conséquences cardiovasculaires indésirables du café, telles les palpitations. ( ) Son action est plus durable que celle de la caféine classique (12 heures). ( )

Elle paraît toutefois moins nocive que les amphétamines (*go pills*) utilisées par les commandos américains. ( ) On ignore encore si la caféine à libération prolongée entraîne la dépendance. ( )

Dominic Hardy (2002)

2. Qu'est-ce qui vous a permis de remettre en ordre les phrases de chaque paragraphe?

____

____

La conclusion

C'est le point d'aboutissement de toute l'argumentation. La conclusion dégage et impose le point de vue choisi, préparé par l'introduction, expliqué logiquement et progressivement dans le développement. À elle revient la fonction de révéler dans son plein jour l'idée directrice qui a soutenu toute la composition. Elle peut être longue ou brève selon la nature du sujet.

Exercices d'application

1. Pourquoi la conclusion est-elle importante pour le lecteur?

___

2. Que doit-on retrouver dans la conclusion?

___

___

3. En équipe de deux, essayez de trouver les équivalents anglais des expressions ci-dessous que l'on retrouve souvent dans une conclusion.

TABLE 1.6

Quelles conclusions déduire de…	
Il semble donc que…	
Il résulte de tout ceci que…	
D'après ce qui précède, il semble que…	
Ainsi, il apparaît…	

À vous d'écrire : l'essai argumentatif

1. Comme point de départ, **retrouvez votre deuxième travail**, corrigé de façon codée et commenté par votre professeur. Si vous ne l'avez pas encore révisé, c'est le moment de le faire pour ensuite compléter votre essai argumentatif, en suivant le plan-tableau définitif. Comme exemple, lisez **le devoir d'étudiant** ci-après. Votre travail sera évalué en fonction de sa richesse lexicale, de son organisation structurale et de sa précision grammaticale. **Longueur : 700 à 800 mots, double interligne, police *Times New Roman, taille 12.***
2. Tout en écrivant votre texte, il serait utile de réviser l'Appendice 8, intitulé **« Les erreurs les plus fréquentes à éviter »**. Entre autres, faites attention de ne pas utiliser les tournures plates (*il y a, c'est*), les verbes non expressifs (*dire, faire, avoir, être, mettre, aller* et *devenir*), le nom « chose » et les pronoms « cela » et « ça »…
3. Avant de remettre votre essai au professeur, utilisez un **correcticiel** (*Antidote, Correcteur 101*) pour vous aider à éliminer les fautes d'orthographe et de grammaire. N'oubliez pas que le correcticiel fait des suggestions que vous devez évaluer avec intelligence. Réfléchissez bien.
4. Faites une copie de la « grille de révision » plus loin et vérifiez les différentes sections; cochez-les si vous êtes certain que vous avez bien fait toutes les corrections. Échangez avec un collègue/étudiant vos essais. Soulignez dans le sien avec un stylo de couleur, ce qui vous paraît suspect en matière de genre, d'accord, de conjugaison. Vérifiez aussi la logique des arguments, le choix des transitions et du vocabulaire. Après avoir rempli la « grille d'évaluation » du collègue et lui, la vôtre, signez-la.

Récupérez chacun votre copie. **Discutez l'un avec l'autre des remarques suggérées.** Cette étape est capitale car elle vous permet de justifier non seulement l'organisation de votre travail, mais aussi les formes grammaticales que vous avez employées et de vérifier certaines erreurs qui vous auraient échappées. Faites les corrections nécessaires dans votre copie et remettez-la au professeur.

5. Lorsque ce dernier vous rend **votre copie corrigée de façon codée**, éditez-la en suivant ses observations et en utilisant à nouveau un correcticiel si nécessaire.
6. Constituez **le dernier dossier à remettre** au professeur :
   - premier travail corrigé par le professeur : le remue-méninges;
   - deuxième travail corrigé par le professeur : le plan-tableau et l'introduction;
   - version 1 de votre texte argumentatif corrigé par le professeur;
   - grilles de révision et d'évaluation signées par vous et le collègue / étudiant;
   - version 2 finale, corrigée selon les observations du prof et avec un correcticiel.

Le multiculturalisme : chance ou fléau

Un exemple d'un pays multiculturel est le Canada car les Canadiens viennent d'une vaste variété de nations, races, religions et héritages. En effet, la population diversifiée du Canada est l'un des traits distinctifs de notre société. Cependant, est-ce que le multiculturalisme qu'on a est une chance ou un fléau? D'un côté, les différentes cultures promeuvent la diversité et créent des environnements accueillants pour les nouveaux immigrants. Mais de l'autre, les différences culturelles rendent l'exécution des lois difficiles et certains individus ont l'impression que les immigrants prennent tous les emplois. Finalement, quelques immigrants refusent de s'adapter à leur nouveau pays, ce qui cause des problèmes.

Le multiculturalisme promeut la diversité et nous rend ouvert d'esprit puisqu'on est entouré de gens qui sont différents. Étant donné que le Canada est admiré pour son engagement envers le multiculturalisme, les Canadiens célèbrent les ethnies différentes. De plus, avoir des cultures différentes nous permet d'apprendre leurs coutumes et leurs langues. Un exemple de ceci est la grosse présence de la culture française au Canada. Si le Canada n'était pas un pays multiculturel, les jeunes n'auraient pas l'occasion d'apprendre le français à l'école. D'où les joies de la diversité ethnique. Vu la valorisation de la diversité de la population canadienne, le gouvernement du Canada tente de protéger le patrimoine culturel de ses citoyens.

Un autre aspect positif du multiculturalisme au Canada est le fait que les immigrants ont plus de facilité à s'intégrer pour la bonne raison qu'il y a probablement une communauté de leur culture pour les accueillir. En outre, il y a des centres où ils peuvent recevoir de l'aide dans leur langue maternelle, ce qui rend leur transition plus facile. En conséquence, le choc culturel qu'ils pourraient ressentir sous la forme d'anxiété, de surprise, d'incertitude et de confusion est réduit. Il y a aussi de nombreux groupes, organismes et entreprises qui peuvent aider les nouveaux arrivants à surmonter les difficultés de vivre dans un environnement non familier. Du fait de la composition de la population canadienne, il est plus rapide pour les immigrants de s'adapter.

Cependant, un des problèmes de l'immigration est que les immigrants prennent n'importe quel emploi. Voilà pourquoi il y a des gens « inquiets du fait que l'immigration fragilise leurs salaires et les perspectives d'emplois de leurs enfants » (Lisée, 2014). Ces mêmes gens s'inquiètent aussi de ne pas trouver un logement décent pour leur famille. Si l'on prend l'exemple de l'Angleterre, le gouvernement britannique a introduit un programme appelé « New Labour » qui abandonne son engagement à l'égard du multiculturalisme. Ce programme a pour slogan « British first » qui a pour objectif de donner priorité aux citoyens anglais concernant les emplois et les logements.

Un autre problème avec le multiculturalisme est qu'à cause de différences dans les cultures, il est difficile d'exécuter les lois. Nonobstant les lois qui sont en place au Canada, chaque culture suit des morales différentes. Il y a tant de variations dans les croyances des gens de différentes cultures qu'il c'est difficile de dire quand une action est inacceptable. Chaque culture a des pratiques et des traditions qui peuvent être considérées intolérables pour d'autres cultures, mais qui sont obligatoires dans la leur. Certes, on doit accepter les cultures des autres, mais quand est-ce que leurs pratiques deviennent extrêmes? Un exemple de ceci, ce sont des cultures où les parents utilisent la force pour discipliner leurs enfants. La maltraitance sur enfants est illégale au Canada, mais ce que ces parents font est seulement discipliner leur enfant de la seule manière qu'ils connaissent. Alors, comment est-ce qu'on peut déterminer si l'action de ces parents est illégale ou pas?

Il reste un sujet à discuter sur le thème controversé du multiculturalisme : l'effet que le manque d'adaptation des immigrants a sur le pays dans lequel ils immigrent. Les résidents des pays comme le Canada, qui ont beaucoup d'immigrants, veulent être sûrs que les nouveaux arrivants acceptent leurs obligations : « obéir à toutes les lois, parler anglais et payer leurs impôts » (Lisée, 2014). Malheureusement, quelques-uns d'entre eux sont si à l'aise dans leur propre communauté qu'ils n'essaient pas de s'ajuster à leur pays d'accueil. Bien qu'il soit bon qu'ils soient à l'aise dans leur nouveau pays, quand les arrivants refusent de s'adapter, il y a une montée de préjugés et de la stigmatisation envers les minorités. Par conséquent, des pays comme les Pays-Bas, l'Autriche et l'Allemagne ont adopté des « politiques sévères et coercitives d'intégration civique lesquelles, selon les opposants, ressemblent tout à fait à l'ancienne assimilation » (Lisée, 2014). Inclus dans cette politique est le fait que ses nouveaux arrivants doivent accorder la priorité à leur nouvelle identité nationale et renoncer à l'expression de leurs identités ethniques.

Bref, le multiculturalisme a des avantages comme l'apprentissage de coutumes d'autres cultures et de rendre un pays plus accueillant pour d'autres immigrants. Par ailleurs, il y a des inconvénients comme la réduction d'emplois pour les citoyens des pays d'accueil où il y a beaucoup d'immigrants et la difficulté d'exécuter des lois à cause de différentes perspectives culturelles. Enfin, un équilibre doit être trouvé entre l'assimilation des immigrants et la protection de leurs cultures. À mon avis, le multiculturalisme est formidable car il nous permet de découvrir des cultures du monde entier sans sortir de notre pays. Toutefois, le multiculturalisme peut remplacer la culture du pays accueillant jusqu'au point où les citoyens de ce pays ne peuvent pas donner de définition de leur propre héritage. Ceci est un problème qui doit être examiné, particulièrement au Canada, car les Canadiens ne peuvent pas décrire ce signifie être « canadien ».

Sharon Oceguera (document étudiant non publié, 2014)

Devoir d'étudiant

Grilles de révision

TABLE 1.7 Le plan

	Cochez la réponse appropriée
Le texte comporte-t-il une introduction?	Oui ___ Non ___
Le développement contient-il au moins 3 parties différentes?	Oui ___ Non ___
Le texte se termine-t-il par une conclusion?	Oui ___ Non ___
Votre nom : ________________________	

TABLE 1.8 L'organisation

	Cochez la réponse appropriée
Y a-t-il au moins 4 ou 5 paragraphes présentant de façon plus ou moins équilibrée les arguments pour ou contre?	Oui ___ Non ___
Les idées principales sont-elles facilement identifiables?	Oui ___ Non ___
Les paragraphes sont-ils bien reliés entre eux? (Avez-vous utilisé des mots liens entre les paragraphes, entre les phrases?)	Oui ___ Non ___
Votre nom : ________________________	

TABLE 1.9 Le vocabulaire

	Cochez la réponse appropriée
Les mots sont-ils bien employés dans le sens voulu?	Oui ___ Non ___
Y a-t-il des anglicismes : structures ou expressions traduites?	Oui ___ Non ___
Le texte se termine-t-il par une conclusion?	Oui ___ Non ___
Votre nom : ______________________________	

TABLE 1.10 La forme : l'orthographe, la grammaire, la syntaxe et la ponctuation

	Cochez la réponse appropriée
Tous les mots sont-ils orthographiés correctement?	Oui ___ Non ___
Les déterminants (articles, adjectifs démonstratifs, adjectifs possessifs, adjectifs qualificatifs) sont-ils employés correctement?	Oui ___ Non ___
Les accords des verbes, des noms et des adjectifs ont-ils été faits?	Oui ___ Non ___
Les verbes sont-ils conjugués au bon temps? Sont-ils bien conjugués? Avec le bon auxiliaire?	Oui ___ Non ___ Oui ___ Non ___
L'emploi des prépositions est-il correct?	Oui ___ Non ___
La ponctuation est-elle correcte?	Oui ___ Non ___
Votre nom : ______________________________	

TABLE 1.11 Le style

	Cochez la réponse appropriée
Y a-t-il des répétitions : – de noms? – de verbes? – d'adjectifs? – d'adverbes?	 Oui ___ Non ___ Oui ___ Non ___ Oui ___ Non ___ Oui ___ Non ___
Les structures des phrases sont-elles toujours du type sujet-verbe-complément?	Oui ___ Non ___
Les phrases complexes (avec subordonnées) sont-elles bien construites?	Oui ___ Non ___
Est-ce que les pronoms relatifs sont exacts?	Oui ___ Non ___
Les conjonctions de subordination sont-elles bien employées?	Oui ___ Non ___
Les phrases complexes sont-elles conjuguées au bon temps (voir l'Appendice 10)?	Oui ___ Non ___
Votre nom : ______________________________	

Grille d'évaluation du collègue

Lisez avec attention le texte de votre collègue. Le but principal de cette grille est de l'aider à améliorer son texte. Il ou elle fera de même pour vous. Évitez donc de dire que tout est parfait (cela arrive rarement!), car en faisant cela vous ne lui rendez pas service. Il n'est pas question non plus de détruire son travail. Il s'agit surtout d'un travail de détection.

TABLE 1.12

Criteria	Gradation of quality			
	4	3	2	1
The claim	He/she makes a claim and explains why it is controversial.	He/she makes a claim but does not explain why it is controversial.	His/her claim is buried, confused, and/or unclear.	He/she does not say what his/her argument or claim is.
Reasons in support of the claim	He/she gives clear and accurate reasons in support of his/her claim.	He/she gives reasons in support of his/her claim, but he/she overlooks important reasons.	He/she gives 1 or 2 weak reasons that do not support his/her claim and/or irrelevant or confusing reasons.	He/she does not give reasons in support of his/her claim.
Reasons against support of the claim	He/she discusses the reasons against his/her claim and explains why it is valid.	He/she discusses the reasons against his/her claim but neglects some or does not explain why the claim still stands.	He/she says that there are reasons against the claim, but he/she does not discuss them.	He/she does not acknowledge or discuss the reasons against his/her claim.
Organization	His/her writing has a compelling opening, an informative middle, and a satisfying conclusion.	His/her writing has a beginning, a middle and an end.	His/her organization is rough but workable. He/she may sometimes get off topic.	His/her writing is aimless and disorganized.
Voice and tone	It sounds like he/she cares about his/her argument. He/she tells how he/she thinks and feels about it.	His/her tone is OK, but his/her paper could have been written by anyone. He/she needs to tell how he/she thinks and feels.	His/her writing is bland or pretentious. There is either no hint of a real person in it, or it sounds like he/she is faking it.	His/her writing is too formal or informal. It sounds like he/she does not like the topic of the essay.
Word choice	The words that he/she uses are striking but natural, varied, and vivid.	He/she makes some fine and some routine word choices.	The words that he/she uses are often dull or uninspired or sound like he/she is trying too hard to impress.	He/she uses the same words over and over. Some words may be confusing.
Sentence fluency	His/her sentences are clear, complete, and of varying lengths.	He/she has well-constructed sentences. His/her essay marches along but does not dance.	His/her sentences are often awkward, run-ons, or fragments.	Many run-on sentences fragments make his/her essay hard to read.
Conventions	He/she uses correct grammar, punctuation, and spelling.	He/she has a few errors to fix, but he/she generally uses correct conventions.	He/she has enough errors in the essay to distract a reader.	Numerous errors make his/her paper hard to read.

Source : www.ascd.org

Chapitre 2

La revue critique de film

« La critique c'est l'analyse des limites et la réflexion sur elles. »

Michel Foucault

Contrairement au résumé de texte, la revue critique de film est **subjective**. C'est le commentaire personnel et analytique d'une œuvre cinématographique. Elle tient compte du scénario, du jeu des acteurs, des effets spéciaux, de la musique et de la cinématographie. En fait, c'est un peu une critique de film.

Travail préparatoire : de quoi a-t-on besoin pour rédiger une revue critique de film?

- une **introduction** qui situe le film dans le temps et l'œuvre du réalisateur, tout en donnant quelques renseignements sur ce dernier;
- un **résumé** objectif de l'intrigue (1 / 3 de la longueur totale du devoir);
- une **analyse critique** des divers aspects du film;
- une **conclusion** pouvant se terminer par une « une **accroche** ou phrase accrocheuse » qui doit donner au lecteur envie de voir ou de ne pas voir le film.

Vous allez lire maintenant trois critiques de film différentes dans leur présentation, mais qui contiennent toutes, à divers degrés, les caractéristiques de la revue critique de film.[1]

Premier texte modèle

Le vieux qui ne voulait pas fêter son anniversaire : comédie explosive (552 mots)

La comédie intelligente est un art qui se perd au cinéma. Bien que *Le vieux qui ne voulait pas fêter son anniversaire* ne soit pas particulièrement subtil, cette comédie suédoise à l'humour noir et grinçant est franchement explosive. Un étrange hybride absurde entre les Monty Python et le *Zelig* de Woody Allen.

On devrait toujours se méfier d'un vieux qui appelle son chat Molotov... D'autant que la propension d'Allan (Robert Gustafsson) à tout faire sauter le conduit dans une maison de retraite, de laquelle il décide de s'évader le jour de son 100e anniversaire!

À la gare d'autobus, il met la main, par hasard, sur une valise contenant 50 millions de couronnes (environ 8 millions $). À destination, il sympathise avec Julius (Iwar Wiklander), un magouilleur sympathique, avec qui il prend la route alors que les motards sont à leurs trousses pour récupérer leur dû. Dans leur fuite loufoque, leur chemin croise celui de Benny (David Wiberg), un introverti procrastinateur, Gunilla (Mia Skäringer), une femme forte, et son... éléphant! Quant à l'inspecteur qui mène l'enquête, il n'a rien à envier à Clouseau...

Attendez, ce n'est pas tout. Pendant leurs folles péripéties, Allan se remémore, à coups de retours en arrière bien articulés, les principales étapes de sa vie fantasmagorique. Sa passion pour les explosions, mais aussi son pragmatisme, son instinct et son côté simplet à la Forrest Gump, le conduit de la guerre civile espagnole au projet Manhattan, puis, une chose en entraînant une autre, jusqu'à devenir agent double où il croisera présidents américains et dirigeants soviétiques. La rencontre la plus déjantée? Le frère idiot d'Einstein. Le film propose une galerie de personnages tous plus délirants les uns que les autres.

Robert Gustafsson est considéré comme l'un des humoristes les plus drôles de Suède. Son jeu très physique, sans être outrancier, lui permet d'interpréter Allan à toutes les étapes de sa vie, y compris celle, cruciale, où sa fuite se transforme en *road-movie* totalement absurde.

Le rythme est essentiel en humour. La mise en scène sans fla-fla de Félix Herngren et un montage dynamique permettent d'enchaîner les rebondissements sans qu'on s'ennuie une seconde. Le réalisateur et son coscénariste ont gardé l'essentiel du roman-culte de Jonas Jonasson, tout en simplifiant certaines choses pour la compréhension du récit sur grand écran. Certains pourront rechigner sur l'adaptation, mais la plupart des spectateurs n'auront de toute façon pas lu le livre.

Bien sûr, on peut chicaner sur les décors de carton-pâte, le manque de ressources pour les effets spéciaux, mais c'est passer à côté de l'essentiel : un portrait décapant d'une Suède décalée et à la dérision nordique.

On est loin d'IKEA et de Henning Mankell. Eh oui, les personnages sont un peu caricaturaux. Mais on a volontairement grossi le trait. Et il y a là plusieurs gags rondement menés qui se distinguent par leur originalité et leur sens du punch.

Le vieux qui ne voulait pas fêter son anniversaire est à la fois frais et exotique. Mais c'est surtout un film caustique qui ne se prend pas au sérieux.

* * * 1/2

Le vieux qui ne voulait pas fêter son anniversaire. Genre : comédie. Réalisateur : Félix Herngren. Acteurs : Robert Gustafsson, Iwar Wiklander et David Wiberg. Classement : général. Durée : 1 h 54.

On aime : l'humour grinçant, l'imagination débridée du récit, le vieux.
On n'aime pas : l'aspect un peu caricatural.

Éric Moreault (2014)

Observation du texte

1. Relisez l'article d'Éric Moreault et divisez-le. Utilisez des crochets pour indiquer où commencent et finissent les différentes sections.
2. Soulignez dans le texte tous les mots qui relèvent du domaine du cinéma et de celui de la critique du film. Soulignez ensuite dans une autre couleur tous les adjectifs.
3. L'auteur de la critique utilise un certain nombre d'adjectifs. En vous aidant d'un dictionnaire, trouvez des synonymes pour les adjectifs suivants :
   Grinçant : ______________________
   Loufoque : ______________________
   Fantasmagorique : ______________________
   Déjanté : ______________________
   Délirant : ______________________
   Outrancier : ______________________
   Crucial : ______________________
   Décapant : ______________________
   Caustique : ______________________
   Débridé : ______________________

4. Exercice d'application
   Choisissez 5 des adjectifs ci-dessus et pour chacun faites une phrase qui en fasse bien ressortir le sens. Choisissez de préférence les adjectifs qui vous intriguent le plus. Pensez à les utiliser quand vous ferez votre revue critique de film.

   ____

   ____

   ____

   ____

   ____

   ____

5. Que dit Éric Moreau sur la mise en scène de Félix Herngren? Expliquez en deux ou trois phrases.

____

____

____

6. Comment décrit-il le personnage principal (Robert Gustafsson)? Les autres personnages?

____

____

____

____

7. Éric Moreault parle-t-il de la musique du film? De la cinématographie? Des effets spéciaux? Des décors?

____

____

8. Où se trouve la « phrase accrocheuse »? Identifiez-la.

____

9. Avez-vous trouvé mention de quelque chose qui n'inciterait pas certains lecteurs à aller voir le film?

____

10. Qu'avez-vous remarqué sur la structure de cette critique de film?

____

____

____

Deuxième texte modèle

Ex machina : l'âge de la machine (586 mots)

Pensons *Ex Machina* et *Avenger - Age of Ultron*. Budget modeste (16 millions) contre véritable trésor (280 millions). Distribution réduite (trois acteurs principaux) contre armada (six rôles de premier plan et cinq autres presque aussi imposants). Huis clos contre grand déploiement. Etc.

Deux productions qu'à première vue tout semble opposer. Qui, par coïncidence, prennent l'affiche à deux semaines d'intervalle. Et qui, plus étonnant, ont davantage en commun qu'il n'y paraît. Elles partagent, et ce n'est pas rien, leur point de départ. Sont au service du même « si » : que se passerait-il Si [*sic*] l'on arrivait à créer une intelligence artificielle véritablement autonome, qui n'aurait plus besoin de l'humain, une entité qui pouvait penser et évoluer, ne pas seulement calculer?

Sous la plume « blockbusterienne » de Joss Whedon, l'I.A. en viendrait à vouloir l'extinction de l'humanité. Début d'un grand bing, bang, boum. Mais les super-héros sont là et veillent au grain. Ouf. Nous sommes dans le divertissement.

Alex Garland, le brillant scénariste de *Sunshine, 28 Days Later, Never Let Me Go* et *Dredd*, qui passe ici pour la première fois derrière la caméra, a pour sa part exploré la voie contraire : l'I.A. pourrait ne pas être l'ennemie de l'homme, mais, peut-être, une autre phase de son évolution. Nous sommes dans la science plus que dans la fiction, presque dans la philosophie et indéniablement dans le thriller.

Ex Machina, donc, nous met en présence de Caleb (Domhnall Gleeson), un programmeur informatique qui travaille pour Blue Book. Le fondateur de l'entreprise, Nathan (Oscar Isaac), milliardaire vivant reclus dans une propriété éloignée de tout, le sélectionne pour s'installer chez lui. Sa mission : déterminer si le « robot » avec qui il va interagir est capable de penser, est conscient. Un robot qui a l'apparence d'une jeune femme séduisante, sophistiquée, et qui porte le nom d'Ava (Alicia Vikander).

Et Caleb de succomber, petit à petit, à son charme. Mais nous ne sommes pas dans Her. Le jeune homme en viendra, au fil de sept sessions en compagnie de l'envoûtante « machine », à s'interroger sur la véritable nature d'Ava. Mais aussi sur celle de Nathan. Et même la sienne.

Réflexion

L'intrigue, habilement tissée, et les échanges, finement écrits, ouvrent la porte à la réflexion alors que le huis clos, lui, se fait étouffant. Le tout porté aux spectateurs par un formidable trio.

Oscar Isaac, barbu, crâne rasé, muscles gonflés, joue de nouveau les caméléons en se glissant dans la peau d'un personnage qui a l'arrogance des surdoués - et, possiblement, leur folie. Il est imposant. Et effrayant.

Domhnall Gleeson, lui, parvient à communiquer avec justesse l'exubérance de Caleb, puis son tranquille ensorcellement. Enfin, sa perplexité, ses doutes, son désenchantement. Il est attachant.

Quant à Alicia Vikander, elle subjugue. Ni femme ni robot, ou peut-être les deux, son Ava - dont le design est élégant et racé - est irrésistible de beauté, d'intelligence. Et d'ambiguïté.

Enrobant l'ensemble, la trame sonore de Geoff Barrow, de Portishead, et Ben Salisbury accentue l'effet d'inquiétude.

Formidablement appuyé par Rob Hardy à la direction photo et Mark Digby à la direction artistique qui rehaussent la beauté glaciale des lieux et celle, parfois, des gens, Alex Garland orchestre brillamment, avec des effets savamment mesurés, la partition qu'il a écrite pour ses acteurs. Il a trouvé son rôle en celui de réalisateur – qui pourrait se comparer au dieu de l'expression... deus ex machina.

* * * 1/2

Ex machina. Science-fiction d'Alex Garland. Avec Alicia Vikander, Domhnall Gleeson, Oscar Isaac. 1 h 48.

Sonia Sarfati (2015)

Observation du texte

1. Relisez l'article de Sonia Sarfati et divisez-le. Utilisez des crochets pour indiquer où commencent et finissent les différentes sections.
2. Dans le tableau suivant, écrivez à partir du texte tous les mots qui relèvent du domaine du cinéma et de celui de la critique du film.

TABLE 2.1

Noms	Adjectifs	Verbes

Noms	Adjectifs	Verbes

3. En vous aidant d'un dictionnaire, trouvez un synonyme pour les expressions et mots suivants :

   Prendre l'affiche : ______________________________

   L'intrigue : ______________________________

   La trame sonore : ______________________________

   La plume : ______________________________

   La distribution : ______________________________

   Le scénariste : ______________________________

4. Répondez aux questions suivantes :
   a) D'après Sonia Sarfati, quel type de réalisateur est Alex Garland?

   ____

   ____

   b) Comment décrit-elle les personnages principaux?
   Oscar Isaac :

   ____

   ____

   ____

Domhnall Gleeson :

Alicia Vikander :

c) Que dit Sonia Sarfati à propos de la musique?

d) Où se trouve la « phrase accrocheuse »? Identifiez-la. À votre avis, est-elle bien choisie?

e) Avez-vous trouvé un passage qui n'inciterait pas certains lecteurs à aller voir le film?

Troisième texte modèle

Taxi (560 mots)

Avec *Taxi*, Gérard Pirès a réussi son pari : allier l'action à la comédie. Sorti en 1998, ce film n'est pas le premier succès du célèbre réalisateur. En effet, depuis *Erotissimo* en 1968 en passant par *Elle court, elle court la banlieue* en 1972, jusqu'à *L'Entourloupe* en 1980, Pirès se sent à l'aise dans le film policier humoristique. Dans *Taxi*, produit et co-écrit par Luc Besson, Gérard Pirès nous fait vivre à un rythme effréné la rencontre entre Daniel (Samy Nacéri), l'ex-livreur de pizza devenu chauffeur de taxi, et Émilien (Frédéric Dienfenthal), un inspecteur de police maladroit et assez malchanceux.

Daniel, jeune homme des cités, est le maître incontesté de la route. Il traverse Marseille comme un bolide et déjoue tous les radars de la vieille cité. Il est également gentil, futé et heureux de partager sa vie avec sa petite amie Lilly (Marion Cotillard). Émilien, lui, c'est l'inspecteur peu brillant qui, malgré sa bonne volonté, est incapable de passer son permis de conduire et d'établir une relation amoureuse avec son commissaire, la belle Petra (Emma Sjöberg). Fier de ses talents, au volant de son nouveau taxi, Daniel impressionne Émilien sans savoir que ce dernier est inspecteur. Après une traversée de Marseille à presque deux cents à l'heure, Émilien révèle à Daniel qu'il vient de faire cet exploit devant un représentant de la loi. Afin de conserver son permis, Daniel va être obligé de conclure un marché avec Émilien : l'aider à capturer un réseau de braqueurs de banque qui ravagent et pillent les succursales marseillaises.

Les acteurs sont pleins de talent. Le duo, Samy Naceri-Frédéric Dienfenthal, est attachant et amusant. Luc Besson avait d'abord pressenti Patrick Bruel et Vincent Perez pour jouer les rôles de Daniel et Émilien, mais il préféra deux jeunes presque inconnus au plus grand bonheur du spectateur. Les femmes du film, Marion Cotillard avec sa jolie frimousse, dans Lilly, et Manuela Gourary, en adorable Camille et mère d'Émilien, apportent un peu de fraîcheur dans ce film d'action. Parmi les autres acteurs, signalons Bernard Farcy, dans le rôle du commissaire divisionnaire Gilbert. Il incarne bien le stéréotype du policier raciste, manquant de flair et se prenant pour le chef d'une armée de Rambos. On remarque aussi, dès le début du film, l'argot, le verlan et les jeux de mots qui permettent au spectateur de comprendre tout de suite dans quel type d'univers vont évoluer les personnages.

Les nombreuses poursuites de voitures sont entrecoupées de scènes humoristiques et romantiques; le public peut alors reprendre son souffle. Le rugissement des moteurs s'ajoute aux nombreuses cascades et la musique de IAM renforce à merveille le côté « jeune branché » personnifié par Daniel. Toutefois, il est surprenant que la musique de ce groupe marseillais très populaire ne soit utilisée qu'une ou deux fois dans le film. L'éclairage naturel du beau soleil de la Méditerranée suffit amplement et aucun jeu de lumière n'est nécessaire dans ce film. Les cascadeurs sont remarquables dans les poursuites. Pas besoin d'effets spéciaux ici!

Dans l'ensemble *Taxi* est un agréable divertissement incorporant tous les ingrédients d'une bonne recette : humour, action et un brin de romantisme. Le public français ne sera donc pas surpris de voir *Taxi 2*, à l'affiche en 2003.

Valérie Dussaillant-Fernandes (document étudiant non publié, 2003)

Observation du texte

1. Relisez l'article de Valérie Dussaillant-Fernandes et divisez-le. Utilisez des crochets pour indiquer où commencent et finissent les différentes sections.
2. Tout comme pour les deux autres textes modèles, relevez les termes qui appartiennent au vocabulaire du cinéma et de la critique de film.

 ____

 ____

 ____

 ____

3. Comment comprenez-vous les expressions suivantes? Aidez-vous d'un dictionnaire.

 Film tout public : ______________________________

 Pleins de talent : ______________________________

 Pressentir quelqu'un pour jouer un rôle : ______________________________

 Incarner (le policier) : ______________________________

 Les cascades : ______________________________

 L'éclairage : ______________________________

 Un divertissement : ______________________________

 Voir à l'affiche : ______________________________

4. Dans le tableau suivant, relevez tous les noms, adjectifs et verbes qui parlent de cinéma. Que remarquez-vous par rapport au 1er texte modèle?

TABLE 2.2

Noms	Adjectifs	Verbes

Noms	Adjectifs	Verbes

5. En quoi ce texte modèle diffère-t-il des deux premiers?

6. Quelle est l'accroche? Est-elle efficace, selon vous?

7. Quels mots et expressions suggèrent que l'auteure porte un jugement positif sur le film? Lui trouve-t-elle des points négatifs?

Pré-visionnement de film

Lorsqu'on fait une revue critique de film, il importe de parler de la cinématographie car elle contribue beaucoup à l'atmosphère du film. Quand on parle de cinématographie, on aborde des aspects techniques tels que le cadrage, les angles de prises de vue, les gros plans, les plans rapprochés, les plans d'ensemble, la plongée et la contre-plongée, les contrastes de couleurs, les jeux d'ombre et de lumière.

Le **cadrage** se divise en **plans** ayant chacun une fonction bien définie. On parle aussi de **lignes de force** qui peuvent être horizontales, verticales ou diagonales. Les endroits où elles se coupent attirent naturellement le regard. Ces intersections sont idéales si on veut, par exemple, attirer le regard du spectateur sur un personnage en particulier ou sur un détail de sa tenue, de son physique. Les plans sont variés et spécifiques :

- Le **très gros plan** : se concentre sur un détail (un œil, un doigt).
- Le **gros plan** : isole une partie du décor ou du personnage (visage, main).
- Le **plan rapproché** ou **serré** : personnage vu de la tête à la taille ou poitrine.
- Le **plan américain** : personnage vu de la tête jusqu'au dessous du genou.
- Le **plan moyen** : personnage de la tête au pied.
- Le **plan de demi-ensemble** : personnage dans un décor, mais le personnage est plus important que le décor.
- Le **plan d'ensemble** : personnage situé dans un décor ou un paysage (le décor est important).
- Le **plan général** ou de **grand ensemble** : vaste paysage.

Les angles de prise de vue jouent aussi un rôle important pour mettre en valeur le sujet, la personne ou un objet important pour l'intrigue.

S'il s'agit d'une **personne** :

- **Vue frontale** (de face) : contact direct entre le personnage et le consommateur. On a l'impression que le personnage s'adresse directement au spectateur. Il le prend à témoin en quelque sorte.
- **Vue latérale** (de côté ou de ¾) : contact plus modéré, plus neutre. Le personnage invite le spectateur à voir au-delà de lui.
- Parfois le ou les personnages ne regarde(nt) pas l'appareil et se concentre(nt) sur un objet qui est capital pour l'intrigue.

L'éclairage met aussi en valeur les personnages et les objets. On a parfois des **jeux d'ombre** et **de lumière,** des effets **de contre-jour** qui vont créer diverses ambiances : mystère, fantastique, énigme policière, etc. La qualité de l'image joue aussi un rôle important. Est-elle **floue, nette**? Le sujet est-il au premier plan, en arrière plan ou **fondu** dans le décor?

Les **effets spéciaux** sont de plus en plus utilisés maintenant que la technologie du numérique permet de créer virtuellement : des mondes fantastiques, des monstres, des zombies, etc. Aujourd'hui, certains films sont tournés avec des caméras en 3 dimensions.

Les **couleurs** ne sont pas à négliger car elles sont parfois symboliques et ont des connotations positives ou négatives. Certains réalisateurs affectionnent des couleurs spécifiques telles le noir, le blanc, le rouge pour créer une certaine ambiance. Dans le monde occidental, voici ce que l'on dit sur la valeur symbolique des couleurs les plus fréquentes :

- Le bleu : couleur du ciel et de l'infini, est associé à l'harmonie, au rêve, à la sagesse, à la sérénité, à la vérité, à la loyauté et aussi au froid glacial.
- Le rouge : couleur du sang, de la vie, de la passion, de la guerre, du triomphe.
- L'or ou le doré : couleur de la richesse, du pouvoir et de la fortune.
- Le jaune : couleur par excellence de la joie, du soleil, de l'amitié; mais aussi parfois des sentiments négatifs, tels que la jalousie, la traîtrise, le mensonge.
- Le vert : couleur de l'espoir, du renouveau; il évoque la nature.
- Le violet : couleur de la spiritualité, du rêve, de la délicatesse, de la paix, de l'amitié, de la méditation et aussi de la solitude.
- L'orange : couleur de la bonne humeur, de la joie, de la créativité, de la communication, de la sécurité, de l'optimisme.
- Le rose : couleur de la féminité, de la tendresse, de la jeunesse, du romantisme.
- Le gris : couleur de la tristesse, de la solitude, de la monotonie et de la mélancolie.
- Le noir : couleur symbolique de la mort, du néant, c'est aussi l'élégance, la simplicité, la sobriété, la rigueur, le mystère.
- Le blanc : couleur de la pureté, de l'innocence, de la virginité.

Voici une liste de quelques films remarquables du point des couleurs :

- *Le grand bleu* de Luc Besson (le bleu)
- *La liste de Schindler* de Steven Spielberg (le noir, le blanc et très peu de couleurs dont le rouge)
- *L'artiste* de Michel Hazanavicius (en noir et blanc seulement)

Exercices d'application

Avec un partenaire, déterminer les 5 derniers films que vous avez vus. En vous inspirant de la liste ci-dessous, dire à quel genre chacun appartient.

TABLE 2.3

un film d'action, d'amour, d'animation, d'aventure, d'espionnage, de guerre, d'horreur, d'épouvante, de science-fiction, dramatique, une comédie romantique	un film catastrophe, comique, dramatique, historique, policier, politique, tragi-comique, pour enfants, pour la jeunesse	un classique, un court/long métrage, un dessin animé, un documentaire, un drame psychologique, un western, une comédie musicale, une dramatique (TV)

Exprimer son opinion

Il existe diverses manières de donner son avis au sujet d'un film, d'un article de journal, d'un livre ou d'une pièce de théâtre.

L'approche la plus courante consiste à employer diverses expressions et des verbes qui indiquent immédiatement au lecteur l'opinion de l'auteur :

- D'après moi, .../Selon moi, le film...
- À mon avis, le réalisateur a ...
- Je crois que le réalisateur aurait pu...
- On peut affirmer que l'ensemble des acteurs était...
- J'ai beaucoup apprécié la subtilité dans le jeu des acteurs...
- Je peux dire que X a magnifiquement interprété son rôle...
- J'ai particulièrement adoré Y dans le personnage de...
- Je pense que le scénario était...
- Il est vrai que l'histoire était compliquée... mais...
- Il est certain que la cinématographie a...
- C'est mon opinion que les scènes d'intérieur...
- Il me semble que le maquillage était...
- Je n'aime pas du tout la violence qui domine dans...
- Je déteste ce type de film à grand budget qui...

L'autre façon, plus subtile, de donner son avis, est de choisir des verbes, des noms, des adjectifs précis, de faire des phrases qui laissent entendre au lecteur indirectement ce que le critique veut dire sans que cela soit explicite.

Vous allez lire la critique de film ci-dessous. En tenant compte des remarques ci-dessus, quels mots ou expressions vous indiquent dans les deux paragraphes suivants que leurs auteurs ont apprécié le film?

Le jeu d'Isabelle Adjani et de Gérard Depardieu est époustouflant. Ils ont réussi à créer des personnages frappants. On admire les acteurs comme on admire leurs costumes ou les décors... Camille Claudel, un film long, mais loin d'être soporifique, dans lequel Bruno Nuytten remet à leur place chaque personne, chaque objet, chaque événement.

___

___

Quels mots ou expressions vous indiquent dans la critique ci-dessous que l'auteur n'a pas apprécié le film?

Rien dans ce film ne vaut la peine d'être retenu. Le jeu des acteurs laisse à désirer, la cinématographie n'a rien d'exceptionnel, et le scénario est nul. Pourtant le réalisateur Jean Jacques Benamar avait mis toutes les bonnes cartes dans son jeu : une dynamique équipe de jeunes espoirs du cinéma français, une excellente idée de départ que le scénariste n'a malheureusement pas su exploiter. Bref en un mot, c'est un navet!

___

Éléments de la revue de critique de film

Pour trouver les renseignements pertinents à la carrière du réalisateur, pour connaître les acteurs principaux, le scénariste, le compositeur de la bande sonore, il existe des sites Internet qui sont des bases de données contenant des milliers de films. Par exemple : www.ecrannoir.fr/; www.cinefil.com/; www.allocine.fr; www.netflix.com; www.imdb.com. Vous pouvez aussi lire d'excellentes critiques de films dans *La Presse de Montréal* et dans *Le Monde.*

Une fois sur ces sites, taper le nom du film dans la boîte, ou cliquer sur **archives** ou sur **tous les films** pour obtenir les renseignements désirés. Signalons toutefois que cela ne sert à rien de recopier et d'insérer textuellement les informations issues des sites dans votre revue critique, puisque le professeur y a aussi accès.

Voici en résumé les questions auxquelles vous devez répondre pour écrire la revue critique de film. Des exemples vous indiquent comment procéder[2].

A. L'introduction

Situer le film

- Par rapport aux autres films du (de la) réalisateur/trice :

  Le violon rouge (François Girard, 1999) est le deuxième succès international de ce réalisateur après *Trente-deux films brefs sur Glenn Gould.*

- Par rapport à d'autres films du même genre :

  Le violon rouge (François Girard, 1999) : Contrairement aux autres films dans lesquels la musique occupe une place importante, le personnage principal n'est pas un musicien mais un violon.

- Par rapport à une vogue pour ce genre de film, etc. :

  Trois couleurs (Kieslowski, 1993) : Les films *Bleu, blanc, rouge* se retrouvent dans la catégorie du cinéma relativiste. La mise en scène essaie d'exprimer des émotions et sentiments diffus.

- Sa date de sortie :

  Le journal d'une femme de chambre de Benoît Jacquot est sorti en 2015.

Parler du (de la) réalisateur/trice

- Son pays d'origine (cela peut influencer le genre ou le contenu de ses films) :

  Salvatore Giuliano (Francesco Rosi, 1961) : Le réalisateur italien Rosi raconte l'histoire de la Sicile après la guerre par l'entremise d'un bandit sicilien.

- Avez-vous déjà vu des films de ce réalisateur ou de cette réalisatrice?
- Quel genre de film affectionne-t-il (elle) particulièrement?

Depuis les années 1980, Robert Guédiguian a toujours tourné ses films dans un quartier à Marseille. Ses personnages venant de milieux pauvres se battent pour que le monde devienne riche sans être capitaliste.

Les neiges du Kilimandjaro est sorti en salle en 2011.

Marius et Jeannette est sorti en 1997.

B. Le résumé de l'intrigue (1/4 de la longueur totale de la revue critique)

- Être concis, objectif.
- Ne pas tout dévoiler de l'histoire.

C. L'analyse critique de film (votre opinion)

- Le **titre** évoque-t-il des associations d'idées? Donne-t-il une indication de ce qui va se passer dans le film?

  La cour de Babel (Julie Bertuccelli, 2013) : fait référence à la Tour de Babel, selon la Bible. Le film se situe dans une école plurilingue.

  Seven (David Fincher, 1996) : fait référence aux sept péchés capitaux.

- Le **scénario** s'inspire-t-il d'un incident, d'un événement réel et historique?

  Est-ce une adaptation d'un roman, d'une pièce de théâtre? Est-ce une suite, un *remake* (ou une relecture)?

  Le vieux qui ne voulait pas fêter son anniversaire de Félix Herngren est une adaptation du roman/adapté du roman de Jonas Jonasson.

  Incendies (Denis Villeneuve, 2010) : une adaptation d'une pièce de théâtre de Wajdi Mouawad.

  Un crime au Paradis (Jean Becker, 2001) : un remake ou une relecture.

  Le tunnel (Roland Suso Richter, 2001) : un événement réel et historique.

  La chambre des officiers (François Dupeyron, 2001) : la Première Guerre mondiale.

- Le **milieu social** décrit : Quels milieux sociaux sont évoqués? Comment sont-ils présentés? Retrouve-t-on dans le film des références culturelles (historiques, politiques, religieuses, etc.) pertinentes?

  Inch'Allah dimanche (Yamina Benguigui, 2001) : expérience des femmes algériennes en France dans les années 70.

  L'homme de marbre (Andrzej Wajda, 1976) : le stalinisme.

De rouille et d'os (Michel Audiart, 2012) : des milieux populaires.

Norma Rae (Martin Riu, 1979) : les luttes ouvrières et le syndicalisme.

You've Got Mail (Nora Ephron, 1998) : présente des couples de milieux sociaux hétérogènes.

Le pianiste (Roman Polanski, 2003) : la Deuxième Guerre mondiale.

L'auberge espagnole (Cédric Klpapisch, 2002) : multiculturalisme.

La graine et le mulet (Abdellatif Kechiche, 2007) : drame social et la religion.

Entre les murs (Laurent Cantet, 2008) : l'éducation en France.

Ma vie en rose (Alian Berliner, 1997) : la transsexualité.

Amour (Michael Haneke, 2012) : la vieillesse.

Monsieur Ibrahim (François Dupeyron, 2003) : amitiés inter-religion.

Intouchables (Olivier Nakache et Eric Toledano, 2011) : la maladie, la paralysie.

The House of Flying Daggers (Zhang Yimou, 2004) : la Chine et l'an 859.

- La **langue** est-elle standard, argotique ou verlanisée? Cela donne-t-il des indications sur le milieu décrit?

  La haine (Mathieu Kassovitz, 1995) : langue des banlieues.

  L'esquive (Abdellatif Kechiche, 2003) : langue des banlieues, verlan.

  Les boys (Louis Saïa, 1997) : la langue populaire québécoise et ses jurons, le milieu du hockey.

- Les **personnages** sont-ils conventionnels? Pittoresques? Caricaturaux? Bizarres? Marginaux? Attachants?

  Elephant Man (Davis Lynch, 1980) : un personnage hideux au départ qui devient attachant.

  Le retour de Batman (Bryan Singer, 2006) : adaptation de bande dessinée, personnages caricaturaux.

  Forest Gump (Robert Zemeckis, 1994) : personnage naif et attachant.

  L'auberge espagnole (Cédric Klapisch, 2002) : personnages amusants.

  Les extraordinaires aventures d'Adèle Blanc-Sec (Luc Besson, 2010) : adaptation d'une bande dessinée; nombreux personnages pittoresques.

  Little Miss Sunshine (Jonathan Dayton et Valerie Faris, 2006) : personnage-enfant attachant.

- Le **jeu des acteurs**. Ceux-ci ont-ils bien interprété leur rôle? Étaient-ils mauvais, excellents, crédibles? Pourquoi? Comment?

  Le fabuleux destin d'Amélie Poulain (Jean-Pierre Jeunet, 2000) : le jeu de la comédienne (Audrey Tautou) est excellent, car elle donne beaucoup de fraîcheur à son personnage qui tente de rendre tout le monde heureux. L'interprétation des autres acteurs laisse à désirer. Ils ne réussissent pas à transmettre les émotions des personnages. En effet, le spectateur sourit au lieu de pleurer dans les moments supposément tristes.

  L'artiste (Michel Hazanavicius, 2011) : jeu extraordinaire du personnage principal, acteur de cinéma muet. La prestation de Jean Dujardin lui a valu l'Oscar du meilleur acteur masculin.

- La **portée** du film. Quel est son but? Est-ce un divertissement? Contient-il un message? Le film dénonce-t-il un système politique? Véhicule-t-il une idéologie?

  État de siège (Costa-Gavras, 1973) : il dénonce la dictature.

  Mourir à tue-tête (Anne Claire Poirier, 1979) : le film soulève la problématique du viol.

  La grande séduction (Jean-François Pouliot, 2003) : un divertissement.

  Hotel Rwanda (Terry George, 2004) : dénonce le génocide.

  Bamako (Abderrhamane Sissako, 2006) : dénonce la Banque Mondiale comme étant à l'origine des problèmes en Afrique.

  Le scaphandre et le papillon (Julian Schnabel, 2007) : Le film soulève le problème de la paralysie.

- Le **public** visé. Le film s'adresse-t-il à tous les âges?

  Les 101 dalmatiens (Herek Stephen, 2000) : aux enfants.

  Irréversible (Gaspar Noé, 2002) : aux adultes.

  Winged Migration (Jean-François Mongibeaux et al., 2003) : tous publics.

- La **cinématographie**
  - Les **prises de vue** (*camera shots*), les angles de la caméra. Le réalisateur emploie-t-il différentes techniques de prises de vue pour mettre en valeur les personnages, l'atmosphère ou l'action du film? Décrivez une ou deux prises de vue que vous avez trouvée(s) particulièrement intéressante(s) et dites pourquoi.

    The Man Who Knew Too Much (Alfred Hitchcock, 1956) : pour augmenter le suspense, les plans concernant la menace sont allongés et les plans où l'on voit ceux qui veulent empêcher l'attentat sont de plus en plus courts.

    Midnight Express (Alan Parker, 1978) : la scène du procès se déroule en turc, sans doublage ni sous-titrage, nous cachant ainsi les vraies raisons de l'emprisonnement de Billy. Ce qui ne favorise pas la compréhension mais encourage plutôt le racisme chez le spectateur.

The Killing Fields (Roland Joffé, 1984) : l'instabilité de la caméra contribue à l'agitation d'une scène d'émeute.

The Blair Witch Project (Daniel Myrick et Eduardo Sànchez, 1999) : film de video caméra, instabilité de la caméra, gros plans déformés.

Batman (Tim Burton, 1989) : le film est constitué de nombreuses plongées et contre-plongées justifiées par l'intrusion du personnage dans l'univers des mortels.

Le silence (Moshen Makhmalbaf, 1998) : les visages et les objets sont présentés sur des fonds flous pour bien représenter le monde d'un enfant aveugle.

On connaît la chanson (Alain Resnais, 1998) : le film commence par un retour en arrière stupéfiant : un dirigeant nazi envisage la destruction de Paris. On navigue constamment entre des événements dramatiques du passé et la narration au présent.

- Les **images**, les **symboles** et **les couleurs.** Remarquez-vous la reprise de certains éléments allégoriques? Y a-t-il une utilisation répétée de certaines couleurs ou d'images symboliques? Comment cela affecte-t-il le sens général du film?

L'homme qui voulait savoir (Georges Sluizer, 1988) : le cauchemar de l'œuf en or dans lequel Saskia se retrouve à flotter éternellement est la prémonition de sa mort. Ce symbole revient à quelques reprises dans le film.

Le violon rouge (François Girard, 1999) : le guide du voyage du violon est la tireuse de cartes. En effet, les 5 volets du film sont dévoilés par cinq cartes.

American Beauty (Sam Mendes, 1999) : les symboles abondent dans ce film : le ciel = l'évasion, le monde extérieur, la spiritualité; le rouge est omniprésent = la passion, la libération manifestée par le sang.

The House of flying daggers (Zhang Yimou, 2004) : Oscar de la meilleure cinématographie : beauté visuelle exquise, dans des tons monochromes (la forêt de bambous) et polychromes (champs de fleurs); exploitation du mouvement fluide (les vêtements et les scènes d'art martiaux).

- L'**éclairage.** Quelle est votre réaction envers les changements d'éclairage et l'utilisation de l'ombre ou des ombres?

La belle et la bête (Jean Cocteau, 1945) : pour accentuer les contrastes et laisser les détails peu importants dans l'ombre, on emploie une lumière latérale très forte.

Une journée particulière (Ettore Scola, 1977) : les couleurs sont atténuées pour recréer l'atmosphère d'une époque.

Rêves (Akira Kurosawa, 1990) : les couleurs sont déterminées dans un but esthétique ou poétique.

Bram Stoker's Dracula (F. F. Coppola, 1992) : dans une scène, l'ombre du vampire se détache de ce dernier pour étrangler le personnage Jonathan. L'utilisation de l'ombre contribue à intensifier la peur chez le spectateur.

- La **musique** ou la **bande sonore** du film soutient-elle l'intrigue ou non?

Belle de jour (Luis Buñuel, 1966) : la réalité et le rêve sont mélangés sans être marqués par l'image et le son.

The Full Monty (Peter Cattanco, 1996) : le thème musical, lié aux deux personnages principaux, distingue leur classe sociale.

Le violon rouge (François Girard, 1999) : on entend la musique du violon, le plus souvent hors champ, à tous les moments importants de l'histoire.

The Grand Budapest Hotel (Wes Anderson, 2014) : la musique du film fait souvent référence à diverses musiques européennes; on passe du folklorique au classique. Alexandre Desplat a reçu l'Oscar de la meilleure bande sonore en 2014.

D. La conclusion

Êtes-vous satisfait de la fin? Y a-t-il plus d'une interprétation possible pour celle-ci? Est-ce que ce film a changé votre façon de voir les choses, les événements décrits? A-t-il stimulé votre intérêt pour le genre? N'oubliez pas la « phrase accrocheuse » qui va encourager le lecteur à aller voir ou non le film.

Nous venons de voir un certain nombre de genres de films pour le cinéma. On pourrait parler aussi de faire la critique **des séries** réalisées pour la télévision. De plus en plus populaires, elles varient en genre. Si on examine les séries américaines, on trouve : *NCIS*, *House of Cards*, *The Office*, *Friends*, *Game of Thrones*. Chez les Anglais et les Irlandais : *Coronation Street*, *Call the Midwife*, *Sherlock*, *Broadchurch*, *Downton Abbey*, *Vikings*. Pour la France : *Un village français*, *Kaboul Kitchen*, *Les revenants*, *Borgia*. Au Québec : *Les boys*, *Trauma*, *La galère*, *Les Parent*, pour ne citer que celles-ci. Pour en faire la revue critique, on parlera principalement du scénario, des acteurs et actrices, des costumes et des décors s'ils apportent quelque chose à l'intrigue.

À vous d'écrire : Rédaction de la revue critique de film

1. Choisissez un film. Avant d'aller le voir, rendez vous sur **les sites Internet** donnés plus haut et lisez-en un résumé. Relevez le nom de son réalisateur, les principaux acteurs et actrices, la date de sortie du film et le genre. Cela vous évitera d'y retourner une autre fois. Ne recopiez pas le résumé, car votre professeur a aussi accès aux banques de données. Cependant, vous pouvez prendre des notes.
2. Pour vous aider lors du visionnement du film ou des films dont vous devez faire la revue critique, servez-vous de la matrice suivante. Remplissez les cases où l'on vous demande des informations précises ou cochez simplement (avec une croix) celles qui correspondent le mieux au film. Une fois la matrice complétée, il vous sera facile d'en extraire les informations pertinentes pour la revue critique.

TABLE 2.4

Titre	Film 1	Film 2	Film 3
Année de sortie			
Réalisateur			
Genre			
Remake / nouvelle version			
Scénario original			
Public visé			
Références culturelles			
Références politiques			
Références religieuses			
Langue standard			
Langue argotique			
Langue régionale			
Milieu décrit			
Film à message			
Couleurs qui reviennent			
Couleurs symboliques			
Jeu d'ombre et de lumière			
Effets spéciaux			
Cadrages spéciaux			
Cadrages conventionnels			
Prises de vue inhabituelles			
Personnages conventionnels			
Personnages caricaturaux			
Personnages stéréotypés			
Personnages insignifiants			
Musique importante			
Musique pas importante			
Votre évaluation / 10			

3. Comme exemple, lisez **le devoir d'étudiant** ci-après. En vous servant des notes que vous avez prises sur l'Internet, de la « matrice » que vous avez remplie en visionnant le film, et de **l'Appendice 12** où se trouve le plan-guide de la revue critique, vous pouvez maintenant écrire celle-ci. Votre travail sera évalué en fonction de sa richesse lexicale, de son organisation structurale et de sa précision grammaticale. **Longueur : 550 à 600 mots, à double interligne, police *Times New Roman*, taille 12.**
4. Tout en écrivant votre texte, il serait utile de réviser **l'Appendice 8**, intitulé **« Les erreurs les plus fréquentes à éviter »**. Entre autres, faites attention de ne pas utiliser les tournures plates (*il y a, c'est*), les verbes non expressifs (*dire, faire, avoir, être, mettre, aller* et *devenir*), le nom « chose » et les pronoms « cela » et « ça »...
5. Avant de remettre votre revue critique au professeur, utilisez **un correcticiel** (*Antidote, Correcteur 101*) pour vous aider à éliminer les fautes d'orthographe et de grammaire. N'oubliez pas que le correcticiel fait des suggestions que vous devez évaluer avec intelligence. Remplissez la « grille de révision » qui suit.
6. Donnez votre travail à un collègue/étudiant qui vous soumettra le sien. Lisez-le avec soin et faites des remarques avec un stylo de couleur, puis remplissez la « grille d'évaluation » du collègue à la fin du chapitre. Reprenez votre revue critique et ensemble **discutez de vos commentaires** réciproques. Faites les corrections nécessaires dans votre copie et remettez-la au professeur.
7. Lorsque ce dernier vous rend **votre copie corrigée de façon codée**, éditez-la en suivant ses observations et en utilisant à nouveau un correcticiel si nécessaire.
8. Constituez **le dernier dossier à remettre** au professeur :
   - version 1 de votre revue critique avec un correcticiel;
   - grilles de révision et d'évaluation signées par vous et le collègue/étudiant;
   - version 2 finale, corrigée selon les observations du professeur et avec un correcticiel.

Devoir d'étudiant

Antony Zimmer (603 mots)

« Il faut se méfier des apparences » prévient François Taillandier. L'ironie de cette phrase se révèle avant la fin d'*Anthony Zimmer*, un film haletant de Jérôme Salle, sorti en France le 27 avril 2005. Ce qui est le plus important pour les films de suspense comme celui-ci, c'est qu'ils soient au moins presque plausibles et surtout qu'ils soient pleins de rebondissements exaltants. Il est certain que le réalisateur a relevé ces deux défis avec excellence, surtout qu'il s'agit de son premier film en tant que réalisateur.

Anthony Zimmer est un célèbre criminel financier cherché non seulement par les autorités, mais aussi par la mafia russe et son chef, M. Nassaiev (Daniel Olbrychski). Cependant, après avoir subi une chirurgie esthétique, personne ne le reconnait plus, ni les policiers, ni la mafia, ni sa compagne. Néanmoins, l'enquêteur Akerman (Sami Frey) croit que ce génie fourbe n'a qu'un point faible :

sa femme, Chiara Manzoni (Sophie Marceau). Cherchant à reprendre contact avec son amour, la belle Chiara reçoit un appel d'Anthony lui demandant de trouver quelqu'un qui lui ressemble pour désorienter ses ennemis. Alors, Chiara monte dans le TGV et choisit François Taillandier, un traducteur ennuyeux et nerveux pour être la victime de son complot. Nonobstant, comme il le dit lui-même, il faut se méfier des apparences...

Comme indiqué ci-dessus, l'intrigue dans ce film est parfaite pour un film de suspense : palpitante et pleine de surprises, juste au moment où nous avons l'impression d'avoir débrouillé le mystère, Salle nous présente un nouveau rebondissement. Ce film a évidemment comme but de divertir le public et, avec beaucoup d'action, c'est exactement ce qu'il fait.

En outre, il faut absolument chanter les louanges des deux acteurs principaux Yvan Attal et Sophie Marceau. Indépendamment, ils ont tous les deux accompli des performances sensationnelles quant à leurs personnages respectifs. Attal joue d'une manière très convaincante un pauvre type mal à l'aise en présence de la ravissante Chiara Manzoni. Toutefois, quoiqu'il soit nerveux, on a toujours l'impression qu'il cache quelque chose dont on n'est pas au courant. Marceau dépasse toutes les attentes; elle est séduisante, élégante, directe et elle ajoute un élément de tension romantique au film. Après tout, pour être le seul point faible d'un génie criminel, elle ne peut pas être quelqu'un d'ordinaire! Ce rôle-là implique une responsabilité considérable, mais Marceau s'en tire à merveille. De plus, la dynamique entre ces deux acteurs est si palpable que nous avons vraiment l'impression que la tension est réelle.

De plus, la cinématographie de ce film est également exceptionnelle. Le réalisateur utilise très efficacement les plans serrés. De plus, comme l'intrigue est remplie de tension romantique, cette technique crée un effet très personnel, surtout en ce qui a trait à la dynamique entre François et Manzoni. Il fait aussi bon usage de gros plans surtout au début du film. Ceux-ci contrastent bien avec les plans panoramiques des paysages de la Provence et les scènes remplies d'action.

Le film a gagné le Prix France Musique des bandes sonores originales de films 2006 grâce à un savant mélange de musique suave, tranquille et intense. Cela renforce les différents mouvements du film. Comme il s'agit d'un film très dynamique, il faut que la musique suive l'action et fasse volteface aux moments décisifs.

Il est évident qu'*Anthony Zimmer* est un film à ne pas manquer. Bien qu'il soit un peu léger en termes de message profond, cela vaut la peine de le voir même uniquement comme divertissement à cause de son suspense palpitant et la belle histoire d'amour. En fait, ce film contient un peu de tout : de l'intrigue, de l'action, de la romance, et peut-être même la vraie identité d'Anthony Zimmer...

Lewis Rhodes (document étudiant non publié, 2015)

Grilles de révision

TABLE 2.5 L'organisation

	Cochez la réponse appropriée
La revue critique comporte-t-elle :	
– une introduction?	Oui ___ Non ___
– un résumé de l'intrigue?	Oui ___ Non ___
– une analyse critique?	Oui ___ Non ___
– une conclusion?	Oui ___ Non ___
Les liens entre les différentes parties sont-ils évidents?	Oui ___ Non ___
Chaque idée principale est-elle facilement identifiable?	Oui ___ Non ___
Votre nom : ___________________________	

TABLE 2.6 La forme : les phrases, l'orthographe, la grammaire, la syntaxe…

	Cochez la réponse appropriée
Les phrases sont-elles essentiellement simples?	Oui ___ Non ___
Les phrases complexes sont-elles bien construites?	Oui ___ Non ___
Soulignez les verbes. Sont-ils employés au bon temps (présent, futur etc.)?	Oui ___ Non ___
Les verbes sont-ils bien conjugués?	Oui ___ Non ___
S'il y a des participes passés, sont-ils bien accordés?	Oui ___ Non ___
Reste-t-il des répétitions?	Oui ___ Non ___
Les déterminants (les adjectifs possessifs, les adjectifs démonstratifs et les articles) sont-ils employés correctement?	Oui ___ Non ___
Les adjectifs qualificatifs sont-ils bien accordés?	Oui ___ Non ___
Le genre des mots employés est-il exact?	Oui ___ Non ___
Y a-t-il des anglicismes : structures ou expressions anglaises traduites? (Voir Appendice 8.)	Oui ___ Non ___
Y a-t-il des mots plats (être, avoir, chose, il y a, faire, dire, etc.)?	Oui ___ Non ___
L'emploi des prépositions est-il correct?	Oui ___ Non ___
Les adverbes sont-ils bien placés dans la phrase?	Oui ___ Non ___
La ponctuation est-elle correcte?	Oui ___ Non ___
Votre nom : ___________________________	

Grille d'évaluation du collègue

Lisez avec attention le texte de votre collègue. Le but principal de cette grille est de l'aider à améliorer son texte. Il ou elle fera de même pour vous. Évitez donc de dire que tout est parfait (cela arrive rarement!), car en faisant cela vous ne lui rendez pas service. Il ne s'agit pas non plus de détruire son travail. Il s'agit surtout d'un travail de détection. Deux paires d'yeux voient plus d'erreurs qu'une seule.

TABLE 2.7

	Cochez la réponse appropriée
La revue critique est-elle conforme au plan? (Toutes les parties sont-elles présentes?)	Oui ___ Non ___
Les phrases sont-elles essentiellement simples?	Oui ___ Non ___
Les phrases sont-elles essentiellement complexes?	Oui ___ Non ___
Y a-t-il de nombreuses répétitions : – de verbes? – de noms? – d'adverbes?	 Oui ___ Non ___ Oui ___ Non ___ Oui ___ Non ___
Y a-t-il beaucoup de mots plats (être, avoir, il y a, faire, chose, etc.)?	Oui ___ Non ___
Y a-t-il des anglicismes : structures ou expressions anglaises traduites?	Oui ___ Non ___
Les noms et les déterminants sont-ils bien accordés?	Oui ___ Non ___
Les verbes sont-ils bien conjugués?	Oui ___ Non ___
Nom du correcteur : ______________________	

NOTES

1. La méthode appliquée pour les majuscules est celle de l'Office québécois de la langue française. URL : http://bdl.oqlf.qc.ca/bdl/gabarit_bdl.asp?id=1497
2. Voir H.P. Chevrier (1998) et M.A. Guérin (2003).

Chapitre 3

La revue critique de livre

« Le livre n'appartient plus à celui qui l'a écrit, mais à ceux qui le lisent. »

Patrick Modiano

Tout comme la critique de film, la critique de livre est **subjective**. Elle apparaît dans les hebdomadaires et les revues spécialisées. Son but est de donner au lecteur l'envie de lire ou au contraire de ne pas lire un certain livre. Que ce soit un roman pour la jeunesse, un roman policier, un roman historique, un roman autobiographique ou de science-fiction, la critique de livre est un commentaire personnel et analytique. Elle tient compte de l'intrigue, du genre, de certains procédés (lexicaux, grammaticaux, syntaxiques ou stylistiques) employés par l'auteur. Elle varie en longueur, peut être relativement courte mais peut être aussi détaillée que l'on veut. La critique de livre est un exercice qui exige de la précision, un esprit de synthèse pour résumer l'intrigue et l'habileté de convaincre un lecteur.

Travail préparatoire : de quoi a-t-on besoin pour rédiger une revue critique de livre?

- Une courte **introduction** qui situe ce livre dans le temps et l'œuvre de l'auteur, tout en donnant quelques renseignements sur ce dernier. Cette introduction identifie aussi le genre littéraire.
- Un **résumé** objectif de l'intrigue (1/3 de la longueur totale du devoir).
- Une **conclusion très personnelle** qui peut parler du style de l'auteur. Elle se termine parfois par une « **accroche** ou phrase accrocheuse » qui doit donner au lecteur envie de lire ou de ne pas lire le livre.

Texte modèle

Dans son propre rôle (400 mots)

Le roman de Fanny Chiarello, *Dans ton propre rôle*, a remporté, ce mercredi, le Prix Orange du livre. Virginie Despentes, Christophe Bataille, Vincent Almendros et Emmanuelle Bayamack-Tam figuraient parmi les cinq finalistes en lice pour le prix. Fanny Chiarello succède à Maylis de Kerangal, primée en 2014 pour *Réparer les vivants* (Verticales).

Dans une construction habile où alternent le récit de Jeanette, femme de chambre au Grand Hôtel de Brighton, et celui de Fennella, domestique d'une riche famille anglaise à Wannock Manor, Fanny Chiarello rend compte de la vie de « petites gens » au lendemain de la Seconde Guerre mondiale. Chacune porte sa vulnérabilité. Fennella est muette, après avoir reçu l'éclat d'un obus lors des bombardements de Londres, et l'auteur rend son mutisme grâce à un style feutré, où l'on dirait que le moindre bruit risque de réveiller les personnages de leur fièvre mélancolique. Jeanette Doolittle est veuve, et depuis que son mari a été emporté par la guerre au nord de la France, elle vit sans illusion, dans les souvenirs de leur vie commune, où chaque soir, tous deux faisaient un vœu, par exemple « Que les chenilles cessent de manger leur salade ».

Près de 200 000 internautes ont voté

Fanny Chiarello rend par une écriture minutieuse et des images finement ciselées la rencontre de ces deux femmes ou de deux solitudes, et surtout, le désir de rejouer sa vie, redistribuer les cartes, crier maldonne. « Pourquoi ai-je toujours instinctivement remué dans ma case plutôt que de me résigner à y rester ankylosée comme les autres? » s'écrie Fennella. La romancière s'évertue à montrer que, même engoncées dans leur rôle, leurs déterminismes, ces deux domestiques peuvent s'offrir une vie bien à elles, s'extraire des obligations et des restrictions que leur naissance les oblige à embrasser.

On se laisse surprendre par des phrases qui ressemblent à de petites envolées lyriques et on se perd doucement dans le rythme lent, et comme engourdi du récit, à l'image des égarements du cœur de ces deux femmes qui essayent de tracer un sillon dans une existence qui ne les ménage pas, mais qui offre toujours en ligne de mire l'horizon de leur émancipation.

Fanny Chiarello a été désignée grâce au vote de près de 200 000 internautes qui ont apporté leurs contributions sur le site lecteurs.com et au jury présidé par Erik Orsenna. L'heureuse lauréate bénéficiera d'une belle campagne de presse et se verra remettre un chèque de 15 000 euros.

Hélène de la Rochefoucauld (2015)

Observation du texte

1. Relisez l'article d'Hélène de la Rochefoucauld et divisez-le. Utilisez des crochets pour indiquer où commencent et finissent les différentes sections.
2. Que remarquez-vous?

____

____

____

____

3. Dans le tableau suivant, écrivez tous les mots qui relèvent du domaine de la littérature et de la critique de livre dans le texte.

TABLE 3.1

Noms	Adjectifs	Verbes

4. En vous aidant d'un dictionnaire, trouvez un synonyme pour les expressions et mots suivants :

Figurer : ____________________

En lice : ____________________

Minutieux : ____________________

La maldonne : ____________________

Le mutisme : ____________________

Feutré : ____________________

Engoncé : ______________________________

L'égarement : ______________________________

Une envolée : ______________________________

Une ligne (point) de mire : ______________________________

Ciselé : ______________________________

S'évertuer à : ______________________________

Engourdi : ______________________________

Embrasser une situation : ______________________________

5. Exercice d'application
   Essayez de faire des phrases avec 10 des mots et expressions ci-dessus. Ces phrases doivent en faire ressortir le sens.

____

____

____

____

____

____

____

____

____

____

6. Répondez aux questions suivantes :
   a) D'après Hélène de la Rochefoucauld, quel genre d'écrivaine est Fanny Chiarello?

   ____

   ____

   ____

   b) Comment décrit-elle les personnages principaux?

   ____

   ____

   Jeannette Doolittle : ______________________________

   Fennella : ______________________________

   c) Y a-t-il une « phrase accrocheuse »? À votre avis, est-elle bien choisie?

   ____

   d) Avez-vous trouvé un passage qui n'inciterait pas certains lecteurs à lire le livre?

   ____

Éléments de la revue critique de livre

Vous pouvez lire d'excellentes critiques de livre dans *La Presse de Montréal*, dans *Le Monde.* Voici en résumé les questions auxquelles vous devez répondre pour écrire votre propre critique de livre. Observez bien les exemples qui vous indiquent comment procéder.

A. L'introduction

Situer l'auteur et le roman

- Par rapport à d'autres auteurs du même genre. S'agit-il aussi d'un premier roman?
- On peut se demander si le roman correspond à un genre à la mode au moment de **sa parution** en librairie.

Parler de l'auteur-e

- Son pays d'origine (cela peut influencer le genre ou le contenu de ses romans).
- Avez-vous déjà lu quelque chose de cet-te écrivain-e?
- Quel genre littéraire affectionne-t-il (elle) particulièrement? La **nouvelle**, le **roman**, le **théâtre**,

le **récit autobiographique,** la **poésie**? Quelles sont brièvement les caractéristiques de son style? **Lyrique, sec ou abrupt, imagé, sentimental, ampoulé**, etc.?

B. Le résumé de l'intrigue (1/3 de la longueur totale de la revue critique)

- Être concis, objectif.
- Ne pas tout dévoiler de l'histoire.

C. La critique du livre (votre opinion)

- Le **titre** évoque-t-il des associations d'idées? Donne-t-il une indication de ce qui va se passer dans l'histoire?
- L'**intrigue** s'inspire-t-elle d'un **incident**, réel et historique, de la vie d'un personnage historique ou contemporain? Le livre aborde-t-il des questions importantes, des **sujets tabous**? S'agit-il tout simplement d'une bonne **énigme policière**?
- La **langue** est-elle standard, argotique ou verlanisée? Cela donne-t-il des indications sur le milieu décrit?
- Les **personnages** sont-ils conventionnels? Pittoresques? Caricaturaux? Bizarres? Marginaux? Attachants?
- La **portée** du livre. Quel est son but? Est-ce un divertissement? Contient-il un message? Dénonce-t-il un système politique? Véhicule-t-il une idéologie?
- Le **public** visé. Le livre s'adresse-t-il à tous les âges?

D. La conclusion

- Êtes-vous satisfait du livre? Est-ce qu'il a changé votre façon de voir les choses, les événements décrits, etc.? A-t-il stimulé votre intérêt pour le genre?
- N'oubliez pas la « phrase accrocheuse » qui va encourager le lecteur à lire ou non le livre.

À vous d'écrire : Rédaction de la revue critique d'un livre

1. Avant de vous lancer dans la lecture de n'importe quel livre, rendez-vous sur **les sites Internet** *(La Presse de Montréal* et *Le Monde)* donnés plus haut et cherchez des critiques de livres récents. Lisez-les. Relevez le nom de son auteur, des principaux personnages, la date de parution en librairie et le genre. Ne recopiez pas le résumé. Cependant, vous pouvez prendre des notes.
2. Pour vous aider, servez-vous de la matrice suivante. Remplissez les cases où l'on vous demande des informations précises ou cochez simplement (avec une croix) celles qui correspondent le mieux au livre choisi. Une fois la matrice complétée, il vous sera facile d'en extraire les informations pertinentes à votre critique de livre.

TABLE 3.2

Titre	
Année de sortie	
Auteur	
Genre	
Suite dans une série	
Lectorat visé	
Références culturelles	
Références politiques	
Références religieuses	
Langue standard	
Langue argotique	
Langue régionale	
Milieu décrit	
Livre à message	
Style de l'auteur Phrases courtes Phrase longues Phrases nominales Phrases exclamatives Vocabulaire riche Vocabulaire imagé Champs lexicaux spécifiques	
Personnages conventionnels	
Personnages caricaturaux	
Personnages stéréotypés	
Personnages insignifiants	
Votre évaluation / 10	

3. Comme exemple, lisez le texte ci-après. Vous servant des notes que vous avez prises sur l'Internet, de la « matrice » que vous avez remplie en lisant le livre, vous pouvez maintenant écrire votre critique. Votre travail sera évalué en fonction de sa richesse lexicale, de son organisation structurale et de sa précision grammaticale. **Longueur : entre 500 et 550 mots, à double interligne, police *Times New Roman*, taille 12.**
4. Tout en écrivant votre texte, il serait utile de réviser l'Appendice 8, intitulé « **Les erreurs les plus fréquentes à éviter** ». Entre autres, faites attention de ne pas utiliser les tournures plates (*il y a*, *c'est*),

les verbes non expressifs (*dire, faire, avoir, être, mettre, aller* et *devenir*), le nom « chose » et les pronoms « cela » et « ça »...

5. Avant de remettre votre revue critique au professeur, utilisez **un correcticiel** (*Antidote, Correcteur 101*) pour vous aider à éliminer les fautes d'orthographe et de grammaire. N'oubliez pas que le correcticiel fait des suggestions que vous devez évaluer avec intelligence. Remplissez la « grille de révision » qui suit.
6. Donnez votre travail à un collègue / étudiant qui vous soumettra le sien. Lisez-le avec soin et faites des remarques avec un stylo de couleur, puis remplissez la « grille d'évaluation » du collègue à la fin du chapitre. Reprenez votre revue critique et ensemble **discutez de vos commentaires** réciproques. Faites les corrections nécessaires dans votre copie et remettez-la au professeur.
7. Lorsque ce dernier vous rend **votre copie corrigée de façon codée**, éditez-la en suivant ses observations et en utilisant à nouveau un correcticiel si nécessaire.
8. Constituez **le dernier dossier à remettre** au professeur :
   - version 1 de la revue critique corrigée avec un correcticiel;
   - grilles de révision et d'évaluation signées par vous et le collègue / étudiant;
   - version 2 finale, corrigée selon les observations du professeur et avec un correcticiel.

Windows on the World de Frédéric Beigbeder se situe dans les tours du World Trade Center le jour de l'attentat du 11 septembre. L'auteur imagine graphiquement et psychologiquement ce que les gens ont dû vivre avant l'effondrement des tours.

Devoir modèle

Windows on the world (502 mots)

Journaliste, écrivain controversé, contesté et égocentrique Frédéric Beigbeder est l'auteur de *Windows on the World*, un roman dont le sujet est l'attentat du 11 septembre 2001 à New York, vu à travers les yeux d'un père de famille et de ses fils pris au piège dans le restaurant au sommet de la Tour 1 du World Trade Center. Ce livre publié en 2003 aux éditions Grasset, soit deux ans après l'événement, a pour le moins surpris, voire choqué, le public en tentant de présenter toute l'horreur de ce drame.

Tout dans ce livre surprend : le ton, le style, le genre littéraire, même la mise en page. Les premières pages du livre sont fascinantes si on prend le temps de s'y arrêter. On y remarque d'abord la liste des ouvrages écrits par l'auteur (p. 4); ce dernier joue sur l'humour noir (*du même moteur,* au lieu du même auteur plus conventionnel). Le chapeau du texte (p. 7) comprend un texte de Walt Whitman sur la gloire et la fierté du drapeau américain et une citation de Kurt Cobain, du groupe Nirvana. À la page 9, on trouve une double dédicace : la première à Chloé, sa fille et la seconde au 2801 (c'est-à-dire les victimes). Viennent ensuite à la page 10 les paratonnerres (qui protègent l'artiste) constitués de deux citations :

l'une de Tom Wolfe (journaliste et écrivain, comme Beigbeder) et l'autre de Marylin Manson (chanteur principal du groupe de rock du même nom). On entre ensuite dans le roman avec une indication horaire 8 h 30, soit deux minutes avant que le premier avion ne percute la première tour. Le roman se termine avec la chute de la Tour 1 à 10h28. Les chapitres relativement courts alternent entre ce que vivent Carson (le héros tragique) et ses enfants, et les réflexions de Beigbeder sur son enfance bourgeoise et sur la société américaine. L'écriture est tour à tour variée, syncopée, à la fois poétique, érotique, philosophique, violente et même pornographique dans une instance. Les personnages peuvent sembler caricaturaux dans ce microcosme voué à la destruction. On pourrait reprocher à l'auteur qui a reçu le Prix Interallié pour ce roman d'avoir ignoré les voix féminines, d'être tombé dans le stéréotype pro-américain qui accuse immédiatement *l'arabe*. Il a toutefois réussi à capturer ce que les victimes (les « jumpers » en particulier) ont dû ressentir.

Beigbeder a cette fascination très française pour l'Amérique, mais aussi ce cynisme acerbe qui considère la société américaine dépourvue de toute moralité où tout le monde ment, tout le monde prétend être quelque chose d'autre, tout le monde veut son propre profit en faisant couler les autres. D'autres romans et des films ont capitalisé sur le 11 septembre. La liste est longue, mais Beigbeder a été le plus téméraire à nos yeux car son livre était le premier à sortir. « Vous connaissez la fin, tout le monde meurt. » est la première phrase de ce roman à la fois noir, cynique, narcissique, mais quelque part émouvant sans être larmoyant. À lire sans faute.

Catherine Black (texte non publié, 2015)

Grilles de révision

TABLE 3.3 L'organisation

	Cochez la réponse appropriée
La revue critique de livre comporte-t-elle : – une introduction? – un résumé de l'intrigue? – une conclusion personnelle?	 Oui ___ Non ___ Oui ___ Non ___ Oui ___ Non ___
Votre nom : ______________________________	

TABLE 3.4 La forme : les phrases, l'orthographe, la grammaire, la syntaxe...

	Cochez la réponse appropriée
Les phrases sont-elles essentiellement simples?	Oui ___ Non ___
Les phrases complexes sont-elles bien construites?	Oui ___ Non ___
Soulignez les verbes. Sont-ils employés au bon temps (présent, futur, etc.)?	Oui ___ Non ___
Les verbes sont-ils bien conjugués?	Oui ___ Non ___
S'il y a des participes passés, sont-ils bien accordés?	Oui ___ Non ___
Reste-t-il des répétitions?	Oui ___ Non ___
Les déterminants (les adjectifs possessifs, démonstratifs et les articles) sont-ils employés correctement?	Oui ___ Non ___
Les adjectifs qualificatifs sont-ils bien accordés?	Oui ___ Non ___
Le genre des mots employés est-il exact?	Oui ___ Non ___
Y a-t-il des anglicismes : structures ou expressions anglaises traduites?	Oui ___ Non ___
Y a-t-il des mots plats (être, avoir, chose, il y a, faire, dire, etc.)?	Oui ___ Non ___
L'emploi des prépositions est-il correct?	Oui ___ Non ___
Les adverbes sont-ils bien placés dans la phrase?	Oui ___ Non ___
La ponctuation est-elle correcte?	Oui ___ Non ___
Votre nom : ______________________________	

Grille d'évaluation du collègue

Lisez avec attention le texte de votre collègue. Le but principal de cette grille est de l'aider à améliorer son texte. Il ou elle fera de même pour vous. Évitez donc de dire que tout est parfait (cela arrive rarement!), car en faisant cela vous ne lui rendez pas service. Il ne s'agit pas non plus de détruire son travail. Il s'agit surtout d'un travail de détection. Deux paires d'yeux voient plus d'erreurs qu'une seule.

TABLE 3.5

	Cochez la réponse appropriée
La revue critique est-elle conforme au plan? (Toutes les parties sont-elles présentes?)	Oui ___ Non ___
Les phrases sont-elles essentiellement simples?	Oui ___ Non ___
Les phrases sont-elles essentiellement complexes?	Oui ___ Non ___

	Cochez la réponse appropriée
Y a-t-il de nombreuses répétitions : – de verbes? – de noms? – d'adverbes?	 Oui ___ Non ___ Oui ___ Non ___ Oui ___ Non ___
Y a-t-il beaucoup de mots plats (être, avoir, il y a, faire, chose, etc.)?	Oui ___ Non ___
Y a-t-il des anglicismes : structures ou expressions anglaises traduites?	Oui ___ Non ___
Les noms et les déterminants sont-ils bien accordés?	Oui ___ Non ___
Les verbes sont-ils bien conjugués?	Oui ___ Non ___
Nom du correcteur : ______________________________	

Chapitre 4

Analyse de l'image publicitaire

« Le secret d'une originalité efficace en publicité, ce n'est pas la création d'images ou de mots nouveaux et astucieux mais l'identification de nouvelles relations entre des images et des mots familiers. »

Léo Burnett

L'image publicitaire commerciale peut provenir de magazines papier, de l'Internet, des médias tels que la télévision ou le cinéma. Pour ce chapitre, nous avons choisi l'image publicitaire de l'Internet.

Travail préparatoire : de quoi a-t-on besoin pour faire la lecture et l'analyse d'une image publicitaire commerciale?

Dans un premier temps, il faut observer l'image de façon globale et sous les angles : **visuel** (sujet, couleurs, formes, composition, typographie) et **linguistique** (choix des mots et des techniques pour faire passer le message). Puis ensuite faire un commentaire sur sa signification, voir ce qui fait sa force ou sa faiblesse en tant que publicité. En bref, il faut présenter le tout de manière cohérente.[1]

Observation de l'image : vision globale

De quel type d'image s'agit-il? S'agit-il d'un produit? Quel produit? Est-ce quelque chose que l'on consomme (produit laitier, glace, boisson, etc.); est-ce un produit de beauté (shampooing, revitalisant, crème rajeunissante ou amincissante, maquillage, parfum, etc.); est-ce quelque chose que l'on porte (vêtement et accessoires de *designers*, tenue de sport, etc). Est-ce une publicité touristique? Est-ce un produit d'entretien? Est-ce un médicament? Est-ce que le texte domine l'image? Complète-t-il l'image ou au contraire s'oppose-t-il à celle-ci? Peut-on immédiatement y voir des références culturelles, artistiques, historiques, etc.? Le destinataire, c'est-à-dire celui qui regarde la publicité, est-il témoin ou participant? Quelles émotions se dégagent de cette publicité?

Observation de l'image : détails

- Une fois le produit identifié, il est temps de s'attacher aux détails. L'image présente-t-elle le produit dans un **espace intérieur** (une maison, un appartement, une cuisine, une chambre, une salle de bain, une salle de sport, dans un supermarché, dans une école, dans un centre médical, etc.)?
- Le produit est-il placé **à l'extérieur** (au bord de la mer, dans les montagnes, à la campagne, sur une route, dans un milieu urbain, dans un lieu isolé, etc.)?

- Le produit est-il **placé seul** dans l'image ou avec **un intervenant** qui regarde, tient le produit ou l'utilise? Y a-t-il plusieurs intervenants? Sont-ils masculins ou féminins? S'agit-il d'enfants, d'adultes, de personnes âgées ou ayant des besoins spéciaux ou des conditions médicales spécifiques, d'animaux familiers? S'agit-il de professionnels (des avocats, des juristes, des membres du corps médical, des sportifs, des ouvriers, des vendeurs, des célébrités du monde du spectacle, etc.)?
- Le produit est-il placé dans un **contexte** particulier (époque contemporaine ou période historique identifiée par les vêtements portés, par les coiffures, etc.) ou dans un contexte régional? Y a-t-il des couleurs ou est-ce une photo en noir et blanc?
- Il faut s'interroger aussi sur le **destinataire** (ici, le consommateur) du message publicitaire et s'attarder sur **l'émetteur** (celui qui veut vendre son produit). Qui sont-ils?

Vocabulaire technique

Afin de commenter une image, il est nécessaire de posséder un minimum de vocabulaire technique. Toute image jouit d'une composition que certaines techniques de **cadrage** vont mettre en valeur. Le cadrage se divise en **plans** ayant chacun une fonction bien définie. On parle aussi de **lignes de force** qui peuvent être horizontales, verticales ou diagonales. Les endroits où elles se coupent attirent naturellement le regard. Ces intersections sont idéales pour placer un produit.

Les plans sont variés et spécifiques :

- Le **très gros plan** : se concentre sur un détail (un œil, un doigt).
- Le **gros plan** : isole une partie du décor ou du personnage (visage, main).
- Le **plan rapproché** ou serré : personnage vu de la tête à la taille ou poitrine.
- Le **plan américain** : personnage vu de la tête jusqu'au dessous du genou.
- Le **plan moyen** : personnage de la tête au pied.
- Le **plan de demi-ensemble** : personnage dans un décor, mais le personnage est plus important que le décor.
- Le **plan d'ensemble** : personnage situé dans un décor ou un paysage (le décor est important).
- Le **plan général** ou de grand ensemble : vaste paysage.

Les angles de prise de vue jouent aussi un rôle important pour mettre en valeur le sujet, la personne ou le produit.

S'il s'agit d'une personne :

- **Vue frontale** (de face) : contact direct entre le personnage et le consommateur. On a l'impression que le personnage s'adresse directement à nous. Peut parfois sembler agressif.
- **Vue latérale** (de côté ou de ¾) : contact plus modéré, plus neutre. Le personnage invite le consommateur. Il s'agit de la vue la plus employée en publicité.
- Parfois le personnage sur l'image publicitaire ne regarde pas l'appareil et se concentre sur le produit. Cela semble indiquer que le produit est beaucoup plus important que son consommateur.

L'éclairage met aussi en valeur l'objet ou la personne. On a parfois des **jeux d'ombre** et **de lumière,** des effets **de contre-jour** qui vont créer diverses ambiances : mystère, fantastique, énigme policière, etc.

La qualité de l'image est importante. Est-elle **floue, nette**? Le sujet est-il au premier plan, en arrière-plan ou **fondu** dans le décor?

Les couleurs : lorsque le publiciste les choisit, il s'agit d'un choix calculé. Les **couleurs chaudes** ou **froides** vont avoir un impact sur le consommateur comme certaines expériences l'ont montré. Les couleurs chaudes (jaune, orangé, rouge, rouge-violet) marquent l'excitation, le dynamisme, la jeunesse, alors que les couleurs froides (bleu, vert, jaune-vert, vert-bleu, bleu-violet, violet) ont plutôt tendance à indiquer le calme, l'apaisement. Les couleurs sont aussi symboliques. Dans le monde occidental, voici ce que l'on en dit :

- Le bleu : couleur du ciel et de l'infini, est associé à l'harmonie, au rêve, à la sagesse, à la sérénité, à la vérité, à la loyauté et aussi au froid glacial.
- Le rouge : couleur du sang, de la vie, de la passion, de la guerre, du triomphe.
- L'or ou le doré : couleur de la richesse, du pouvoir et de la fortune.
- Le jaune : couleur par excellence de la joie, du soleil, de l'amitié; mais aussi parfois des sentiments négatifs, tels que la jalousie, la traîtrise, le mensonge.
- Le vert : couleur de l'espoir, du renouveau; il évoque aussi la nature.
- Le violet : couleur de la spiritualité, du rêve, de la délicatesse, de la paix, de l'amitié, de la méditation et aussi de la solitude.
- L'orangé : couleur de la bonne humeur, de la joie, de la créativité, de la communication, de la sécurité, de l'optimisme.
- Le rose : couleur de la féminité, de la tendresse, de la jeunesse, du romantisme.
- Le gris : couleur de la tristesse, de la solitude, de la monotonie et de la mélancolie.
- Le noir : couleur symbolique de la mort, du néant, c'est aussi l'élégance, la simplicité, la sobriété, la rigueur, le mystère.
- Le blanc : couleur de la pureté, de l'innocence, de la virginité.

Observation : le message publicitaire ou le slogan

L'image publicitaire, en raison de sa nature communicative, est porteuse de sens, mais le langage du **message textuel** ou **du slogan** doit être compris immédiatement. Il doit donc être simple, varié, subtil; il doit attirer l'œil (police, calligraphie, taille des lettres, couleur), il peut aussi faire sourire (humour, jeux de mots, poésie) ou parfois choquer un peu (image d'enfants affamés ou d'animaux brutalisés); il peut contenir des figures de style telles que **la comparaison, la métaphore, la métonymie, l'opposition, la répétition, l'ironie**. En somme, il doit attirer l'attention.

L'image peut véhiculer un message **neutre et objectif,** c'est-à-dire présenter un produit tel qu'il est (forme, couleur, fonction). On dit alors que le message est **dénoté**. Par contre, si le message est **connoté,** il est le résultat de **l'interprétation subjective** qu'en fait le vendeur ou le consommateur en fonction de sa culture ou de la société dans laquelle il évolue. On peut observer des contrastes entre l'image et le message.

Exemples utilisant quelques figures de style :

- **La comparaison et l'opposition** : elles s'appuient sur des contrastes. Ex. : *La crème* fleurette *est légère comme l'air*. Remarquez la présence de « comme ».
- **La métaphore** : rapproche un comparant et un comparé. Ex. : *L'espoir fleurit*. Dans la métaphore, on compare sans que le mot comparitif sort exprimé.
- **La métonymie** : substitue un objet par un autre. Ex: *La voile s'éloignait vers le large*. (Une voile pour une bateau.)
- **La répétition** : la multiplication d'un même objet. Ex. : Répétition d'une image de chien pour un produit canin.
- **L'oxymore** : unit des idées contradictoires. Ex. : *La force tranquille du détergent X.*
- **Le détournement** : consiste à utiliser quelque chose de connu, comme un célèbre tableau, et à le modifier légèrement.

La forme et le contenu du message

L'auteur du message publicitaire (le concepteur du produit, le vendeur, etc.) cherche à influencer le consommateur. La fonction du langage publicitaire est de **séduire** et de **convaincre** de la nécessité de posséder le produit en question. Il convient donc d'étudier la forme et le contenu du message textuel, ainsi que son rapport à l'image :

- Est-ce que le texte **renforce l'image** ou est-ce qu'il la **contredit** pour créer un **effet de surprise** qui attirera le consommateur?
- Le message est-il simple : quelques mots seulement? Y a-t-il des verbes? Sont-ils conjugués et à quel temps? Habituellement, les verbes sont conjugués à l'indicatif (présent, futur, imparfait), au conditionnel (présent), à l'impératif. Les phrases sont nominales (sans verbes), exclamatives ou interrogatives. Les noms sont accompagnés d'adjectifs précis et descriptifs.
- Le message vend-il clairement le produit? Utilise-t-il de nombreux mots? Ou au contraire le message est-il subtil (peu de mots) et laisse-t-il parler l'image par sa composition, ses couleurs, ses connotations? Le message a t-il un étroit rapport avec l'image ou n'a-t-il aucun rapport avec celle-ci?

Comment donner son opinion

Émettre une opinion au sujet d'une image publicitaire va non seulement comporter la description du produit et son impact sur le consommateur, mais va aussi tenter d'établir si le lien entre l'image et le produit ou le sujet est bien choisi. On cherchera aussi à exprimer la **valeur** du texte et son **impact potentiel** sur le consommateur. Par conséquent, donner son opinion implique obligatoirement **la subjectivité**. Cette dernière va se manifester par des pronoms personnels, des verbes expressifs, des phrases exclamatives ou nominales, des phrases complexes et un bon usage de la ponctuation. (Voir l'Appendice 4 pour les différents types de phrases et l'Appendice 7 pour la ponctuation.)

Donner son opinion, c'est essayer de convaincre quelqu'un. Pour cela, on a de besoin de verbes expressifs, d'expressions impersonnelles qui indiquent la certitude ou l'incertitude, l'accord ou le désaccord, le doute.

Quelques verbes et expressions exprimant la certitude et le doute :

TABLE 4.1

Certitude totale (+ ind.)	Certitude moindre	Doute (+ subj.)
Je crois que Je suis convaincu que Je suis d'avis que J'insiste sur le fait que Je suis persuadé que Je suis persuadé de + nom Je soutiens que J'estime que J'ai la certitude que J'ai la ferme conviction que Je suis sûr que Je suis sûr de + nom	Je devine que J'imagine que Je suppose que J'ose espérer que Je ne mets pas en doute que J'ai l'impression que	Je ne nie pas que…, mais… Je doute que Je ne pense pas que Je ne crois pas que Je m'étonne que Je déplore que

Quelques expressions impersonnelles :

TABLE 4.2

Certitude (+ indicatif)	Certitude moindre	Doute
Il est certain que Il est évident que Il est vrai que Il va de soi que	Il est possible que (+subj.) Il se peut que (+ subj.) Il se pourrait que (+ subj.) Il est probable que (+ ind.) Il me semble que (+ ind.)	Il est peu probable que (+ subj.) Je doute fort que (+ subj.) Je n'ai aucune preuve pour affirmer que Il me semble que (+ subj.)

Autres expressions pour donner son opinion :

TABLE 4.3

selon moi, pour moi, quant à moi, personnellement, mon sentiment, c'est que… en ce qui me concerne, de mon point de vue,

Les pronoms personnels et possessifs

- Si l'auteur du commentaire veut s'impliquer directement, il utilisera le pronom personnel **je** (**me, moi**) et tous les autres **déterminants** associés à cette forme : les pronoms possessifs « le mien, la mienne, les miens, les miennes »; les adjectifs possessifs « mon, ma, mes » + *nom*.
- Le **nous** est une alternative. Il peut indiquer deux possibilités : l'auteur s'identifie à d'autres pour donner un **nous englobant** ou alors le **nous** est employé avec le sens de **je.** Il dénote dans ce cas un certain formalisme.
- Le **on** remplace le **nous englobant** surtout à l'oral.

Observation d'une image publicitaire commerciale

Regardez la publicité ci-dessous. Essayez de reprendre les éléments descriptifs et analytiques vus au début du chapitre et de voir ce que vous pouvez dire sur cette publicité. Notez vos remarques.

FIGURE 4.1

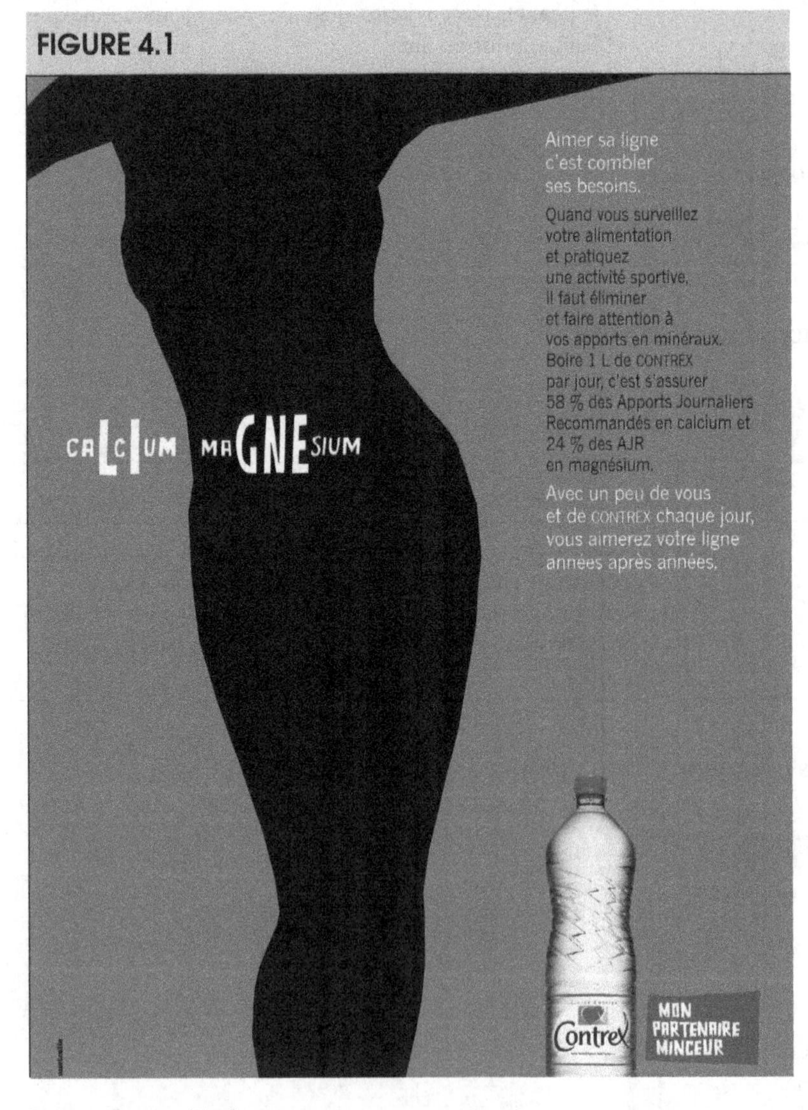

Source : Contrex (2007)

Lisez le texte modèle qui parle de la publicité ci-dessous. Essayez d'en faire le plan. Identifiez les diverses catégories décrites. Comparez avec un collègue. Discutez ensuite de vos impressions réciproques.

- Le texte est-il bien construit?
- Êtes-vous d'accord avec le choix des catégories de l'auteur?
- Auriez-vous choisi d'autres catégories?
- Pensez-vous que l'auteur a bien analysé cette publicité? Son analyse est-elle convaincante?
- Si vous aviez eu à analyser cette image publicitaire, auriez-vous mis la même importance sur les mêmes éléments?
- Avez-vous remarqué l'accroche?

Texte modèle (648 mots)

Il s'agit ici de la publicité pour la marque d'eau minérale *Contrex* vendue comme amincissante et bonne pour la santé. Polychrome, elle suggère un corps de femme et présente aussi la bouteille d'eau.

Cette publicité, sur support papier polychrome, montre une silhouette de femme stylisée (dessinée en noir) sur un fond bleu clair. Le long message en blanc et noir occupe le coin supérieur droit. On trouve en bas de page la bouteille d'eau Contrex transparente avec un bouchon rose fuchsia. Ce rose est repris dans l'étiquette avec un cœur rose (dans un encadré) et deux lignes horizontales et un encadré (texte blanc sur fond rose) placé à la droite du produit.

Les couleurs choisies : le bleu (symbole de l'eau, de l'harmonie), le blanc (symbole de la pureté) et le rose (symbole de la jeunesse et de la vitalité) font contraste avec la silhouette noire (symbole de l'élégance, de la simplicité, de la sobriété) qui met en évidence la taille mince du sujet. Au niveau de la taille du sujet, on voit aussi en lettres blanches de tailles variées les deux minéraux (calcium et magnésium) contenus dans le produit.

Cette publicité ne met aucune importance sur le lieu, la lumière ou le personnage. Elle utilise un plan américain (sans la tête) pour la silhouette placée de 3/4. Le fait qu'on ne puisse pas identifier la personne, indique que ce message s'adresse à toutes les femmes puisque la silhouette suggère sans erreur le corps d'une femme. Peut-être représente-t-elle la femme au corps idéal que promet Contrex. La bouteille reprend d'ailleurs cette idée du corps féminin par sa forme amincie au milieu. L'encadré rose *un partenaire minceur* en blanc renforce aussi le message. Contrex est le bon ami qui veille à votre santé et qui redonne la vitalité de la jeunesse.

Le texte est intéressant puisqu'il commence par : *Après les fêtes* en lettres majuscules blanches qui attirent immédiatement l'œil après la silhouette. Il est bien connu que, lors des fêtes, nous avons tendance à faire des excès et que les régimes commencent toujours le lendemain. Le consommateur peut tout de suite s'identifier à cette situation. Ce titre est suivi d'un long paragraphe, en noir, principalement écrit en lettres minuscules où, seul, le mot Contrex apparaît en majuscules à la deuxième et à la troisième lignes. Il contient aussi des pourcentages 58 % et 24 % pour les apports journaliers en minéraux. Ces pourcentages donnent une valeur scientifique au produit et rehaussent sa valeur. Ce n'est pas seulement de l'eau. Le message continue ensuite en blanc et minuscules, sauf la marque Contrex en majuscules à la deuxième ligne pour attirer l'œil du consommateur. De plus, il suggère que si le consommateur choisit de boire Contrex chaque jour, il aimera son corps pendant des années. Ceci fait référence bien entendu à l'obsession féminine d'être mince : phénomène culturel que l'on retrouve dans de nombreux pays occidentaux prospères. Ces deux paragraphes suggèrent aussi que boire de l'eau Contrex, de manger léger et de bouger plus, permettra de combler des carences en minéraux; ce qui présuppose que la consommatrice (la femme en général) a ce type de carences!

En ce qui concerne le texte placé à cheval sur la taille de la silhouette et le fond bleu, on note que deux lettres au milieu de calcium (L et I) et trois au milieu de magnésium (GNE) forment le mot *ligne* (comme dans l'expression avoir la ligne = être mince) parfaitement situé sur la taille mince du sujet, renforçant ainsi le message, buvez Contrex, restez minces et en bonne santé!

La simplicité de cette publicité fait sa force, car avec seulement trois couleurs, une silhouette et un texte qui interpelle les consommatrices, car il s'agit bien de consommatrices ici, ces dernières y voient deux bénéfices : retrouver la taille mince de leur jeunesse et rester en bonne santé malgré les ans. D'ailleurs, la silhouette évoque plus pour moi, un corps de femme mûre avec ses contours manquant de fermeté. On ne remarque pas de formes rhétoriques particulières. Le message est simple et direct comme l'image : ils disent la même chose. Selon moi, cette publicité est convaincante, mais je suis une femme! Qu'en penseraient des hommes!

Catherine Black (document non publié, 2015)

À vous d'écrire : Rédaction de l'analyse d'une publicité commerciale

Vous allez choisir une image publicitaire (papier, Internet, etc). En reprenant les éléments présentés au début de ce chapitre, observez d'abord cette publicité et inscrivez vos impressions, commentaires en vous servant de la matrice ci-dessous. Celle-ci va vous servir de guide lors de la rédaction de l'analyse. Cochez les éléments pertinents.

TABLE 4.4

Description globale de l'image
Type : ❖ Photo papier ❖ Photo internet ❖ Iconographie connue ❖ Photo couleur ❖ Photo noir et blanc
Période : ❖ Indices de période
Couleurs : ❖ Chaudes (lesquelles) ❖ Froides (lesquelles) ❖ Symboliques ❖ Sombres ou claires
Lieu : ❖ Intérieur ❖ Extérieur ❖ Urbain ❖ Campagnard ❖ Montagnard ❖ Maritime ❖ Régional identifiable ❖ Mythique ou fantastique ❖ Historique ❖ Le lieu joue-t-il un rôle essentiel? ❖ Le lieu joue-t-il un rôle secondaire? **Lumière :** ❖ Jour ❖ Nuit ❖ Artificielle ❖ Naturelle ❖ Source de cette lumière **Cadrage :** ❖ Sujet ou produit centré, décentré, à gauche, à droite ❖ Très gros plan ❖ Gros plan ❖ Plan rapproché ou serré ❖ Plan américain ❖ Plan moyen ❖ Plan de demi-ensemble ❖ Plan d'ensemble ❖ Plan général

Description globale de l'image
Personne ou personnage : ❖ Célèbre (acteur, actrice, personnalité) ❖ Anonyme ❖ Enfant ❖ Adolescent ❖ Adulte ❖ 3e âge ❖ Personnage historique ❖ Stéréotypique ❖ Femme ❖ Homme
Produit : ❖ Type ❖ À usage journalier ❖ De luxe ❖ Taille ❖ Forme ❖ Couleur ❖ Texture ❖ Le produit joue-t-il un rôle essentiel? ❖ Le produit joue-t-il un rôle secondaire?
Public visé : ❖ Homme ❖ Femme ❖ Adolescent ❖ Adulte ❖ Enfant
Message : ❖ Comporte-t-il une comparaison? ❖ Une métaphore? ❖ Une opposition? ❖ De l'ironie? ❖ Y a-t-il des jeux de mots? ❖ Des allitérations?
Fonction du message : ❖ Texte plus important que l'image? ❖ Texte + photo se complètent pour être efficaces? ❖ Texte et photo disent la même chose? ❖ Texte complète l'image? ❖ Texte et photo sont sans rapport?
Effet de la publicité sur le public : ❖ Publicité réussie car convaincante? ❖ Publicité non convaincante, donc pas réussie?

La rédaction du devoir

Introduction : Présentation du produit – ce qu'on voit tout de suite (2 ou 3 phrases).

Description de la publicité (1 ou 2 phrases par catégorie) et analyse / interprétation (plusieurs petits paragraphes).

Conclusion : Effet de la publicité sur le public.
Nota Bene : N'oubliez pas une petite accroche à la fin!

Les étapes de la révision du texte

1. Faites une copie de la « grille de révision » plus loin et vérifiez les différentes sections; cochez-les si vous êtes certain que vous avez bien tout corrigé. Échangez votre analyse avec celle de votre collègue. Soulignez-y ce qui vous paraît suspect en matière de genre, d'accord, de conjugaison. Vérifiez aussi le choix du vocabulaire. Après avoir rempli la « grille d'évaluation » du collègue et lui, la vôtre, signez-la. Récupérez vos copies. **Discutez l'un avec l'autre des remarques suggérées**.
2. Faites les corrections nécessaires (dans une autre couleur) dans votre copie et remettez-la au professeur.
3. Lorsque ce dernier vous rend **votre copie corrigée de façon codée**, éditez-la en suivant ses observations et en utilisant à nouveau un correcticiel si nécessaire.
4. Constituez **le dernier dossier à remettre** au professeur :
   - la matrice avec vos notes;
   - la version 1 de l'analyse;
   - la version 1 corrigée d'abord avec correcticiel et ensuite par le collègue / étudiant;
   - grilles de révision et d'évaluation signées par vous et votre partenaire;
   - la version 2 finale, corrigée selon les observations du prof et avec un correcticiel.

Grilles de révision[2]

Ce travail de révision est très important. Il ne s'agit pas de remplir les grilles sans avoir fait ce que l'on vous demande. Celles-ci vont vous permettre d'éviter 90 % des erreurs qui se seront glissées dans votre texte et qu'un correcticiel n'aura pas relevées. Prenez votre temps. Joignez cette grille de correction à votre travail.

TABLE 4.5 L'organisation

	Cochez la réponse appropriée
Le texte comporte-t-il : une description détaillée de l'image? un commentaire personnel organisé?	 Oui ____ Non ____ Oui ____ Non ____
Chaque idée principale est-elle facilement identifiable?	Oui ____ Non ____
Les structures des phrases sont-elles variées?	Oui ____ Non ____
Les phases complexes sont-elles bien formées?	Oui ____ Non ____
Y a-t-il des marqueurs pour organiser vos arguments dans le commentaire? (Voir Appendice 11.)	Oui ____ Non ____
Votre nom : ________________________________	

TABLE 4.6 La forme : l'orthographe, la grammaire, la syntaxe, le vocabulaire et la ponctuation

	Cochez la réponse appropriée
Soulignez tous les verbes. Sont-ils bien conjugués?	Oui ___ Non ___
S'il y a des participes passés, sont-ils bien accordés?	Oui ___ Non ___
Y a-t-il des répétitions de verbes? Y a-t-il des répétitions de noms?	Oui ___ Non ___ Oui ___ Non ___
Avez-vous vérifié le genre de tous les mots employés? (Utiliser un dictionnaire et revoir les règles dans l'Appendice 3.)	Oui ___ Non ___
Y a-t-il des anglicismes : structures ou expressions anglaises traduites?	Oui ___ Non ___
Les déterminants (les adjectifs possessifs, démonstratifs et les articles) sont-ils employés correctement? Les accords ont-ils été faits?	Oui ___ Non ___ Oui ___ Non ___
Les accords des adjectifs qualificatifs ont-ils été faits?	Oui ___ Non ___
L'emploi des prépositions est-il correct?	Oui ___ Non ___
Y a-t-il beaucoup d'adverbes en -ment? Les adverbes sont-ils généralement bien placés dans la phrase?	Oui ___ Non ___ Oui ___ Non ___
Y a-t-il des mots plats tels que « chose, être, avoir, dire, faire, il y a… »?	Oui ___ Non ___
La ponctuation est-elle correcte? (Consulter l'Appendice 7.)	Oui ___ Non ___
Votre nom : ______________________________	

Grille d'évaluation du collègue

Lisez avec attention le texte de votre collègue. Le but principal de cette grille est de l'aider à améliorer son texte. Il ou elle fera de même pour vous. Évitez donc de dire que tout est parfait (cela arrive rarement!), car en faisant cela vous ne lui rendez pas service. Il ne s'agit pas non plus de détruire son travail. Il s'agit surtout d'un travail de détection. Deux paires d'yeux voient plus d'erreurs qu'une seule.

TABLE 4.7

	Cochez la réponse appropriée
Avez-vous bien compris ce que votre collègue a écrit? L'analyse est-elle conforme aux directives?	Oui ___ Non ___ Oui ___ Non ___
Le texte comporte-t-il : une description détaillée de l'image? un commentaire personnel organisé?	 Oui ___ Non ___ Oui ___ Non ___
Chaque idée principale est-elle facilement identifiable?	Oui ___ Non ___
Y a-t-il des mots liens?	Oui ___ Non ___
Y a-t-il de nombreuses répétitions : – de verbes? – de noms? – d'adverbes?	Oui ___ Non ___ Oui ___ Non ___ Oui ___ Non ___
Le vocabulaire est-il riche? Y a-t-il beaucoup de mots plats (être, avoir, il y a, faire, chose, etc.)?	Oui ___ Non ___ Oui ___ Non ___
Nom du correcteur : ______________________	

NOTES

1. Chapitre inspiré de Litterama : Clefs de lecture de Lidia Parodi et Marina Vallaco publié au CIDEB à Gênes en 1998, pp. 119-137.
2. Voir J. Bisaillon (1991).

Chapitre 5

Pour aller plus loin... Le récit fantastique

« Le récit Fantastique se présente comme la transcription de l'expérience imaginaire des limites de la raison. »

Irène Bessière

Il existe plusieurs formes de récit fantastique dont la nouvelle, le conte, la légende et le roman. Dans ce chapitre, vous travaillerez à l'écriture d'une nouvelle ou d'un conte. Ces derniers se prêtent parfaitement au récit fantastique car ils sont **ancrés** dans **une réalité,** mais un **événement surnaturel ou irrationnel** va **susciter** l'angoisse, la peur ou l'inquiétude chez le héros. Dans la nouvelle, le personnage principal ne croit pas au phénomène bizarre qui se produit. Il va donc l'observer et essayer de le comprendre. Dans le conte, le héros devra accomplir un certain nombre de tâches pour résoudre la situation. Le fantastique se différencie du merveilleux (conte de fée par exemple) où l'on accepte d'emblée que les êtres surnaturels existent.

Travail préparatoire : de quoi a-t-on besoin pour écrire un conte ou une nouvelle fantastique?

Quelle est la structure d'une nouvelle fantastique ou celle d'un conte fantastique?

La nouvelle fantastique commence avec une situation stable qu'un élément déclencheur va bouleverser. Le héros essaie de sortir de la situation, mais les circonstances l'en empêchent. Dans la nouvelle fantastique, les obstacles sont moins nombreux que dans le conte. Le personnage principal peut-être confronté non seulement à des événements surnaturels, mais aussi à des démons psychologiques, ce qui altère sa perception de la réalité. La résolution du conflit peut ou ne peut avoir lieu, laissant le lecteur en suspens, mais libre d'interpréter ce qui s'est passé. On peut donc résumer la structure événementielle de la nouvelle ainsi :

- Un personnage principal qui est bien réel mais à l'équilibre mental fragile.
- Ce dernier est confronté à un événement surnaturel.
- Le personnage va douter et essayer de comprendre la situation.
- Une fin ouverte (sans résolution) qui laisse place à l'interprétation du lecteur.

Dans **le conte fantastique**, on retrouve certains des mêmes éléments :

- Un personnage principal.
- Ce dernier est confronté à une difficulté particulière qui le met en péril.
- Le héros va devoir surmonter tous les nombreux obstacles et lorsqu'on croit que tout est perdu, tout s'arrange.
- La fin toujours heureuse permet d'en tirer éventuellement une « morale ».

Pour le conte fantastique, la structure est sensiblement la même. Les différences se situent par rapport à la progression du récit qui voit le héros confronté à de nombreux obstacles qu'il devra surmonter et aussi par rapport à la fin qui se termine toujours bien.

Articulation détaillée de la nouvelle fantastique

Le personnage doit être ordinaire (ce n'est ni un prince ni une princesse comme dans les contes merveilleux). Ce personnage évolue dans un monde réel, mais dans un cadre particulier qui contribue à créer l'ambiguïté entre le réel et le surnaturel.

L'action se passe dans des endroits ordinaires mais qui peuvent rapidement devenir sinistres (un hôpital, un château, un village abandonné, un labyrinthe; en mer, en montagne dans une région isolée). L'heure de la journée joue aussi un rôle important : à l'aube, au crépuscule, la nuit car les perceptions sont altérées; certaines circonstances météorologiques peuvent contribuer à l'aspect lugubre de la situation : du brouillard, une tempête, de la fumée, etc.

La situation de départ est stable et voit le héros évoluer dans un lieu normal sans conflit. Il est dans un café.

L'élément déclencheur va briser l'harmonie et le héros va se voir confronté à un événement surnaturel : une apparition, des objets qui semblent s'animer, une tempête soudaine qui n'était pas prévue, une disparition soudaine, un animal aux proportions monstrueuses, etc.

La progression du récit voit le héros essayer de comprendre la situation; il ne croit pas au surnaturel. Un événement ou une série d'événements s'enchaînent qui le conduisent à douter de ce qu'il voit, entend et vit. **Le point de non-retour** est atteint lorsque le héros semble totalement à la merci des événements. **Le climax** se produit lorsque le héros prend la décision de franchir l'obstacle.

La résolution ou la chute voit le héros échapper à la situation, mais sans vraiment comprendre ce qui s'est passé. Il va continuer à se questionner au sujet de cet événement, laissant ainsi le lecteur libre d'interpréter ce qui s'est passé.

Les éléments linguistiques de la nouvelle et du conte fantastiques

Le narrateur et la focalisation:

Le **narrateur** est celui qui raconte le récit. Il peut varier :

- un **narrateur externe** qui raconte l'événement, en utilisant le pronom personnel de la 3e personne du singulier (*il* ou *elle*).
- un **narrateur interne** identifié au héros qui vit l'événement en utilisant la 1re personne du singulier (*je*).

La **focalisation** : Il s'agit de la technique narrative qui permet de raconter une histoire sous différents angles de perception. La focalisation du récit peut être :

- **externe** lorsqu'elle observe les éléments extérieurs comme le visage, les gestes, la voix pour identifier les émotions. Elle ne cherche pas à entrer dans la conscience des personnages. Cette focalisation est donc objective.
- **interne** quand le lecteur pénètre dans la conscience du héros pour mettre en doute, par son entreprise, les principes de la rationalité[1]. Cette focalisation est subjective.
- **zéro ou omnisciente** permet au narrateur de rapporter les paroles et les pensées de plusieurs personnages à la fois. Cette focalisation est neutre car plus globale.

Les temps des verbes

Comme vous l'avez vu dans le chapitre 2 du premier manuel, les temps des verbes contribuent à la cohérence du récit. Pour faire avancer l'action, on utilisera donc : le passé composé, le passé simple. Pour marquer l'antériorité, on utilisera le plus-que-parfait, ou le futur antérieur; pour indiquer l'avenir, on utilisera le futur. Dans le cas de l'hypothèse, ce sera le conditionnel. Revoir la concordance des temps (voir Appendice 10).

L'action sera d'autant plus plausible si le texte est ponctué de **marqueurs de relation temporels**, tels que : lorsque, brusquement, soudain, tout à coup; un peu plus tard, finalement etc. Pour une liste plus détaillée des marqueurs de relation ou articulations logiques (voir Appendice 11).

Le vocabulaire

Dans le récit fantastique, on peut être amené à décrire physiquement et moralement le personnage principal ou les intervenants surnaturels. Le vocabulaire doit être précis, coloré, très imagé. Parfois la situation et le lieu vont exiger ou un champ lexical spécifique qui contribue à rendre l'atmosphère de malaise ou de peur encore plus réelle. Par exemple, si l'action se passe dans un vieux château, on devra le décrire avec des termes exacts : le souterrain, les douves, le donjon, les oubliettes, les passages secrets, etc. On utilisera des **synonymes** ou des **antonymes** (le fantastique = le surnaturel; le contraire étant la réalité). Les **mots de la même famille** dans une même phrase peuvent renforcer un sentiment, une émotion (**terrifié** à la vue de cer individy étrage, il essaya quand même de lutter contre la **terreur** qui l'envahissait).

N'hésitez pas à consulter l'Internet car il existe des ateliers d'écriture qui proposent du vocabulaire utile pour créer une atmosphère inquiétante dont : www.mondesenvf.fr/wp-content/uploads/Ateliers/Un_temps_de_saison/02_Fiche_pedagogique_atelier_Creer_une_atmosphere_inquietante_dans_un_recit_fantastique_B2_NDiaye.pdf

Les figures de style

Afin de toujours concrétiser le danger qui menace, on peut avoir recours à des procédés stylistiques tels que la métaphore, l'hyperbole ou la personnification, etc. Pour revoir les différentes figures de styles, lire l'Appendice 6.

Texte modèle

Incident (898 mots)

Le ciel est clair. Les Rocheuses majestueuses. Confortablement installée, je regarde le paysage défiler sous mes yeux. Je ne me lasse jamais des sommets enneigés, des vallées si étroites et inhabitées, et de ces minuscules points bleu turquoise que sont les lacs de montagnes. J'avais décidé de me rendre en avion à Smithers, une communauté au nord de la Colombie Britannique. Il faut dire que je suis pilote d'hydravion et que ce voyage est en quelque sorte un pèlerinage. Je l'avais fait de nombreuses fois en compagnie de Paul, mon compagnon, lui aussi pilote. Mais cette fois-ci, je suis seule. Paul est mort il y a deux ans maintenant. Il me manque énormément. La dépression s'était installée graduellement dans ma vie et seuls les médicaments m'avaient permis petit à petit de refaire surface; mais l'absence de l'être cher se fait toujours sentir.

Une fois rétablie, j'ai hésité longtemps avant de reprendre les commandes de notre *Beaver*. Mais finalement, après plusieurs sorties en compagnie d'instructeurs et d'amis, j'ai repris en main cet avion et, aujourd'hui, je me sens enfin prête à effectuer ce vol de 425 milles. Levée avant le soleil, j'ai écouté la météo aérienne, révisé la navigation préparée la veille, enregistré mon plan de vol et je me suis envolée à l'aube, car je préfère éviter les turbulences dans les montagnes.

Le ronron du moteur me berce. Régulièrement, je vérifie les cadrans, les jauges. Tout est normal. Je me sens bien. Cette sensation de bien-être laisse mon esprit s'égarer dans les souvenirs des vols effectués avec Paul. Nous avions parcouru toute l'Amérique du Nord, de l'Alaska à Terre-Neuve en passant par le golfe du Mexique. Je me revoyais, carte sur les genoux, (c'était bien avant l'apparition des GPS!) faisant le point, indiquant à Paul, les aéroports dans les parages au cas où il y aurait eu une urgence et la nécessité de poser l'avion rapidement.

Ce matin-là, la météo aéronautique avait annoncé : ciel dégagé, vent variable à 12500 pieds, température : – 30 degrés Celsius. Le préposé à la météo m'avait avertie qu'il y avait des feux de forêt à l'Est et à l'Ouest de mon parcours, mais que le corridor dans lequel j'allais voler serait dégagé. Le paysage est si beau que mon esprit vagabonde. Soudain, je remarque que la visibilité est en train de se détériorer. Dans le lointain, j'aperçois les immenses colonnes de fumée montant des incendies qu'on m'avait mentionnés ce matin. Je ne suis plus très loin de Smithers maintenant. Une trentaine de milles environ. Je réduis la puissance et j'amorce une descente douce. Mais plus je me rapproche de ma destination plus la visibilité empire; au loin je distingue à peine la vallée où s'étend la petite ville. Malgré la mauvaise visibilité, je sais que je suis sur la bonne route car, en dessous de moi, j'aperçois le lac Rond et un peu plus loin, le lac Tyhee. Mon esprit s'égare un moment en pensant aux nombreuses fois où j'y avais pêché avec Paul. La fumée intense me ramène à la réalité. Je ne vois plus le sol. La panique s'installe un bref instant, mais ma formation reprend le dessus: « *fly the plane, fly the plane, fly the plane*, contrôle l'avion, fais confiance à tes instruments; tu sais que si tu regardes dehors, tu seras désorientée et les conséquences seront désastreuses. Ralentis l'avion. » La fumée s'épaissit toujours. C'est bizarre, je n'ai jamais vu ça! J'essaie de percer du regard la muraille blanche qui m'entoure. La gorge me pique, mes yeux pleurent. Rien à faire. Je ne vois absolument rien que ce mur blanc infranchissable. Comment ai-je pu me laisser surprendre ainsi! Il faut réagir et j'amorce un demi-tour serré pour essayer de retrouver les deux lacs. La fumée s'est encore épaissie! Je n'y vois vraiment plus rien. Je connais bien la région, je sais que je ne dois pas être loin des deux points d'eau… Je vais descendre à l'aveuglette! Non, trop risqué! J'ai peut-être dévié de ma route sans m'en rendre compte et cette erreur de jugement pourrait être fatale. J'ai envie de pleurer. Ce n'est pas mon genre, mais la tension est bien trop forte. Je remarque que mes jauges de fuel sont presque vides. Il faut agir vite. Je me demande ce que Paul aurait fait à ma place? Je suis encore à 4000 pieds. Sans hésiter, je mets le *Beaver* en piqué car je dois perdre rapidement plusieurs centaines de pieds d'altitude. Soudain, une lumière bleue aveuglante illumine la blancheur environnante. « Oh non! Un orage, il ne manquait plus que ça! » L'avion se met à vibrer intensément, l'angle d'attaque s'accroît sans que je ne puisse le corriger! De toutes mes forces, je tire sur le manche, mais l'appareil ne réagit pas et continue sa descente. Avec la vitesse croissante, un sifflement aigu se fait entendre dans le cockpit. Nous plongeons aveuglément à travers la fumée. Les yeux rivés à l'altimètre, je suis impuissante : 3500 pieds, 3000, 2500. Et la fumée, toujours si dense! J'essaie de reprendre les commandes et de lutter contre cette machine infernale, mais en vain. Les contrôles semblent bloqués. Le *Beaver* poursuit sa descente aveugle : 2000, 1500, 1000, 500 pieds. Je ferme les yeux et j'attends l'impact. Puis, plus rien. Seule, le silence total qui m'entoure et mon cœur qui bat.

Catherine Black (nouvelle non publiée, 2015)

Observation du texte

1. Relisez le texte et soulignez tous les mots inconnus. Cherchez-les dans un dictionnaire.
   a) Avez-vous remarqué un champ lexical particulier? Relevez ces termes. Pourquoi avoir choisi autant de mots de ce champ lexical?

2. Relisez encore une fois le texte et répondez aux questions suivantes :
   a) Dans le texte modèle, quelles sont les conditions climatiques?

   b) Est-ce que ces conditions ont un effet sur l'héroïne?

   c) Pensez-vous que la fumée joue un rôle important dans l'histoire et, selon vous, à quoi contribue-t-elle?

3. Faites le plan du texte

TABLE 5.1

Situation Initiale	
Qui? Quand? Où? Quoi?	
Élément déclencheur	
Moments ou péripéties	
Point de non-retour	
Climax	
La résolution, la chute	

4. Réfléchissez maintenant au schéma narratif et répondez aux questions ci-dessous :
   a) Quel type de narrateur a-t-on dans ce texte?

   ____

   ____

   b) Quelle est la focalisation?

   ____

   c) Quels sont les temps utilisés? Justifiez leur emploi.

   ____

   ____

   ____

   ____

d) Y-a-t-il des figures de style? Si oui, lesquelles?

e) Que pouvez-vous dire des types de phrases choisis?

f) Que pensez-vous de **la chute**, c'est-à-dire de la fin de l'histoire?

Quelques réflexions avant de vous lancer dans l'écriture de votre nouvelle ou conte :

Lisez-vous des récits fantastiques? Avez-vous des auteurs favoris? Regardez-vous des films fantastiques? Lesquels, par exemple? Ce genre littéraire vous intéresse-t-il et pourquoi? Sinon, y a-t-il quelque chose que vous n'appréciez pas dans ce type d'écrit? Quoi et pourquoi?

Petit quiz[2]

Voici une série de propositions : dites si elle vous paraissent vraies ou fausses, en faisant appel à ce que vous connaissez du fantastique et des éléments que vous aurez pu déceler dans la nouvelle lue précédemment.

TABLE 5.2

Lorsqu'il écrit un récit fantastique, l'auteur souhaite	
✓ informer le lecteur	Vrai / Faux
✓ témoigner de faits extraordinaires réellement observés	Vrai / Faux
✓ entraîner le lecteur dans un monde merveilleux	Vrai / Faux
✓ jouer sur les émotions du lecteur en perturbant les représentations qu'il se fait de l'univers et des lois qui le régissent.	Vrai / Faux
Dans un récit fantastique, le cadre dans lequel se déroule l'histoire	
✓ ressemble à un cadre de vie réel	Vrai / Faux
✓ semble d'emblée suspect	Vrai / Faux
✓ est un univers futuriste	Vrai / Faux
✓ est un univers où la magie fait partie de l'ordre des choses	Vrai / Faux
Dans le récit fantastique, l'événement perturbateur	
✓ est totalement explicable par le raisonnement	Vrai / Faux
✓ est un phénomène que la raison peut difficilement expliquer	Vrai / Faux
✓ est généralement effrayant	Vrai / Faux
✓ constitue une irruption insolite dans le monde réel	Vrai / Faux

À votre tour!

Il est temps de commencer à élaborer votre travail. Commencez par un sérieux **remue-méninges**. Pour cela, servez-vous des questions suivantes :

1. **Combien y aura-t-il de personnages?**
   - principaux, secondaires;
   - âge, sexe, origine ethnique;
   - talents particuliers;
   - handicap potentiel (maladie, traitement, handicap physique ou mental, infirmité, etc.)

2. **Où et quand se passera l'action?**
   - Lieu propice au fantastique (ville, cimetière, vieux château, bâtiment abandonné, etc.)
   - Pensez à la géographie du lieu aussi (lieux exotiques, une île déserte, un souterrain, une grotte, etc.)
   - Pensez aux conditions climatiques (grand froid, extrême chaleur, humidité oppressante, brouillard, pluie, neige, orage, tempête, etc.)
   - Quand l'histoire aura-telle lieu (la nuit, à l'aube, au crépuscule, etc.)?

- L'histoire du lieu sera-t-elle importante? (meurtre, disparition, enlèvement, émeutes, accident de la route, guerre, révolution, etc.)

3. **Quel sera le conflit, l'élément perturbateur, l'agent provocateur?**
   - un accident
   - une visite imprévue
   - une autre dimension
   - une maladie soudaine
   - une disparition inexpliquée
   - une attaque
   - un vieillissement soudain
   - un transport dans le temps
   - un enlèvement mystérieux
   - un suicide
   - une apparition

4. **Quel type de personne envisagez-vous pour le héros ou l'héroïne et/ou les personnages secondaires?**
   - Quelle sera son apparence physique?
   - Quels seront ses défauts, ses qualités?
   - Le personnage sera-t-il honnête, généreux, égoïste, foncièrement méchant?
   - Le personnage aura-t-il bon caractère, mauvais caractère?
   - Le personnage sera-t-il hypocrite, jaloux?
   - Le personnage sera-t-il discret, timide, naïf, renfermé, peu bavard ou peu expansif?
   - Le personnage sera-t-il farfelu, excentrique, extroverti, comique, étrange, spécial?

5. **Comment le personnage va-t-il réagir aux événements en fonction de sa personnalité?**
   - la joie
   - l'orgueil
   - l'agitation
   - le courage
   - la surprise
   - le désespoir
   - la tristesse
   - la honte
   - la peur
   - le souci
   - l'hésitation
   - la colère
   - l'indifférence

Quelques remarques concernant le vocabulaire

Il faudra qu'il soit très expressif. N'ayez pas peur de faire appel à des champs lexicaux précis si votre nouvelle exige des lieux particuliers et des événements sortant de l'ordinaire (**par exemple dans le texte modèle, on a des mots et expressions appartenant au champ lexical de l'aviation, ce qui rend le récit plus crédible**). Si vous voulez apprendre plus de vocabulaire relatif à la description de personnages, consultez des sites Internet qui portent sur le fantastique en particulier. En voici quelques-uns glanés sur l'Internet : http://ici.radio-canada.ca/emissions/creatures_fantastiques/2011-2012/lexique.asp; http://langues.superforum.fr/t746-la-nouvelle-fantastiquele-vocabulaire-de-la-peur#1326

En ce qui concerne **la description psychologique** des personnages, les tableaux ci-dessous offrent quelques pistes.

TABLE 5.3

Le calme	La nervosité
Pondéré = calme, équilibré, mesuré Jamais excessif Paisible Flegmatique Impassible Imperturbable Prudent Réfléchi Philosophe Avoir la tête sur les épaules Se contrôler Garder la tête froide Garder son sang-froid	Nerveux Émotif Agité Crispé Tendu Impatient Irrité Être sec et même cassant = ni aimable, ni bavard. Craquer Avoir les nerfs en boule Avoir les nerfs à fleur de peau Ne pas tenir en place

TABLE 5.4

L'orgueil	La modestie
Orgueilleux = avoir une haute opinion de soi-même Vaniteux Arrogant Suffisant Insolent Assuré, très confiant Se faire une haute idée de soi-même Se surestimer Se vanter Avoir la grosse tête Il ne se prend pas pour n'importe qui! Il se croit supérieur à tout le monde	Humble Effacé Réservé Simple Modeste Intelligent et cultivé = érudit Jamais prétentieux Sans prétention Rester dans l'ombre S'effacer Avoir de la retenue Être réservé

La gentillesse	La méchanceté, l'agressivité, la violence
Adorable, gentil comme tout! Serviable Avoir le cœur sur la main (= généreux) Être charmant (= être agréable ≠ il séduit, il attire) Être irrésistible Attentionné (rempli d'attentions) Délicat = toujours savoir quoi faire dans une situation difficile	Méchant Odieux Agressif, brutal Violent, dangereux Antipathique Détestable Exécrable Malicieux Avoir de la malveillance envers quelqu'un

TABLE 5.5

Le bonheur et la gaieté	La tristesse et le chagrin
Être joyeux Être heureux comme un poisson dans l'eau Être gai comme un pinson (= heureux) Sauter de joie, être fou de joie	Être triste Être malheureux comme les pierres Être maussade, sombre, déprimé Avoir des idées noires, broyer du noir Avoir du chagrin, de la peine Avoir le mal du pays = la nostalgie du pays Perdre l'espoir Se décourager Avoir le moral à zéro (familier)

TABLE 5.6

L'humeur (et non l'humour)	L'inquiétude, la peur, la terreur
Être de bonne humeur ≠ de mauvaise humeur, d'une humeur exécrable Prendre la vie du bon côté	Être inquiet, soucieux, préoccupé, tracassé Être nerveux, trembler de peur Être secoué de frissons Être terrifié Être pétrifié Être effrayé Être livide d'effroi

Exercice pour vous mettre en train!

1. Dans les tableaux ci-dessus, souligner les adjectifs et verbes ou expressions verbales que vous ne connaissez pas. Chercher leur sens dans un dictionnaire. Ensuite, en choisir et faire 5 phrases qui font bien ressortir leur sens.
2. Donnez un synonyme aux adjectifs suivants extraits du tableau ci-dessus. Ajoutez aussi la forme féminine quand c'est nécessaire.

   Pondéré : ______________________________

   Imperturbable : ______________________________

Crispé : ______________________________

Vaniteux : ______________________________

Exécrable : ______________________________

Tracassé : ______________________________

Maussade : ______________________________

Serviable : ______________________________

3. D'abord, individuellement, choisissez une série de mots dans la liste ci-dessous et imaginez une ou deux phrases utilisant ces mots et qui donneraient le ton fantastique à une nouvelle ou un conte dont vous seriez l'auteur. Il pourrait s'agir de la 1re phrase de ce récit. Cherchez dans un dictionnaire tous les mots inconnus.

   Ex. : *caverne, suinter, rigide*

   « Dans la caverne glaciale qui suintait, gisait un corps rigide. »

   Glauque, eau, miroir, brumeux, subtiliser

   ____

   Ténèbres, angoissant, portrait, cristallin, envahir

   ____

   Insectes, démesuré, brûler d'envie, transi

   ____

   Hostile, engourdissement, errer, poisseux

   ____

   Révéler, amer, neurasthénie, oisif, trépidant

   ____

4. Lisez la ou les phrases de votre partenaire et, à deux, essayez de combiner les vôtres avec les siennes pour élaborer un petit paragraphe. Pensez à varier le type de phrases pour séduire votre lecteur. On peut ensuite faire lire ces paragraphes à toute la classe.

5. La boule de neige. Exercice d'écriture pour toute la classe.
   a. Chacun prend une feuille de papier et dans un premier temps écrit en une phrase **la situation ou le cadre.**

      Ex. : un conflit (dialogue)

   b. Repliez le papier afin de cacher ce que vous avez écrit. Roulez-le en boule et jetez-le à quelqu'un dans la classe. Quand vous recevez une boule de papier, vous ne regardez pas ce que l'autre personne avait écrit. Vous inscrivez maintenant **le lieu et l'heure**.

      Ex. : minuit, dans un petit bateau à voile

   c. Repliez le papier afin de cacher ce que vous avez écrit. Roulez-le en boule et jetez-le à quelqu'un d'autre dans la classe. Quand vous recevez une boule de papier, vous ne regardez pas ce que les autres personnes ont écrit. Vous inscrivez maintenant **les personnages**.

      Ex. : un adolescent rebelle, un vieillard

   d. Repliez le papier afin de cacher ce que vous avez écrit. Roulez-le en boule et jetez-le à quelqu'un d'autre dans la classe. Quand vous recevez une boule de papier, vous ne regardez pas ce que les autres personnes ont écrit. Vous inscrivez maintenant **les obstacles**.

      Ex. : le mat cassé du voilier, l'absence de rames

   e. Repliez le papier afin de cacher ce que vous avez écrit. Roulez-le en boule et jetez-le à quelqu'un d'autre dans la classe. Quand vous recevez une boule de papier, vous ne regardez pas ce que les autres personnes ont écrit. Vous inscrivez maintenant **le climax.**

      Ex. : le voilier à la dérive, fort courant qui les emporte vers le large

   f. Repliez le papier afin de cacher ce que vous avez écrit. Roulez-le en boule et jetez-le à quelqu'un d'autre dans la classe. Quand vous recevez une boule de papier, vous ne regardez pas ce que les autres personnes ont écrit. Vous inscrivez maintenant **la chute**.

      Ex. : un dauphin

Quand tout le monde a fini d'écrire, vous ouvrez la boule devant vous et vous lisez les grandes lignes de l'histoire. Puis, on lit l'ensemble des histoires ainsi élaborées. Le but de cet exercice est l'incitation à écrire, pour vous montrer que vous pouvez vous lancer dans un travail créatif sans avoir peur de la page blanche.

À vous d'écrire : Rédaction d'une nouvelle ou d'un conte fantastique

1. C'est le moment maintenant d'écrire votre propre histoire. Essayez le plus possible d'imiter la structure des phrases et l'organisation du texte observé dans le chapitre. Votre travail sera évalué en fonction de sa richesse lexicale, de son organisation structurale, de sa précision grammaticale et de son expressivité. L'originalité et la créativité seront aussi prises en considération.

2. **Longueur : de 700 à 800 mots, double interligne, police *Times New Roman*, taille 12.**
3. Comme exemple, lisez **le devoir d'étudiant** ci-après et vous pouvez également lire *Le Horla*, une nouvelle fantastique de Maupassant. URL : http://maupassant.free.fr/pdf/horla.pdf

   Entre autres, faites attention de ne pas utiliser :
   - les tournures plates (*il y a, c'est*);
   - les verbes non expressifs (*dire, faire, avoir, être, mettre, aller* et *devenir*);
   - le nom « chose » et les pronoms « cela et ça »;
   - les adverbes en *-ment* trop lourds, etc.

4. Une fois votre récit terminé, il est temps d'utiliser **un correcticiel** (*Antidote, Correcteur 101*) pour vérifier s'il reste des fautes d'orthographe et de grammaire. Attention, c'est à vous d'utiliser cet outil informatique de façon intelligente. Vous serez amené à décider si les formes proposées comme corrections sont exactes. Réfléchissez bien.
5. Faites une copie de la « grille de révision » ci-dessous et vérifiez les différentes sections; cochez-les si vous êtes certain que vous avez bien fait toutes les corrections. Échangez avec un collègue/étudiant votre récit. Soulignez dans sa copie, avec un crayon, ce qui vous paraît suspect en matière de genre, d'accord, de conjugaison. Vérifiez aussi le choix du vocabulaire. Après avoir rempli la « grille d'évaluation » du collègue et lui, la vôtre, signez-la. Récupérez chacun votre copie. **Discutez ensemble des remarques suggérées.** Cette étape est capitale car elle vous permet de justifier non seulement l'organisation de votre travail, mais aussi les formes grammaticales que vous avez employées et de vérifier certaines erreurs qui vous auraient échappées. Faites les corrections nécessaires dans votre copie et remettez-la au professeur.
6. Lorsque ce dernier vous rend **votre copie corrigée de façon codée**, éditez-la en suivant ses observations et en utilisant à nouveau un correcticiel si nécessaire.
7. Constituez **le dernier dossier à remettre** au professeur :
   - version 1 de votre récit (nouvelle ou conte);
   - copie version 1 corrigée d'abord avec le correcticiel et ensuite par le collègue;
   - grilles de révision et d'évaluation signées par vous et votre partenaire;
   - version 2 finale, corrigée selon les observations du professeur et avec un correcticiel.

Devoir d'étudiant

Café au lait (538 mots)

8 h 33. Les rayons du soleil envahissent la maison, traversant insolemment les fenêtres et aiguisant les relents de chlore. Les comptoirs de marbre, trois fois stérilisés, brillent sous la lumière pénétrante.

Elle, assise dans un coin, les yeux plissés évitant la cuisine trop crûment éclairée. Ses mains, irritées par les liquides caustiques, tiennent un verre de vodka : le deuxième du matin. C'est le seul remède pour la gueule de bois qui l'attend tous les jours. Mais cette migraine n'est rien comparée à l'angoisse qui l'étreint quand elle est sobre.

Elle finit son verre, le place dans l'évier et ferme les rideaux contre l'éclair brûlant. Il semble que le soleil se moque d'elle. Cela fait deux mois de soleil intense, comme s'il voulait lui rappeler ce matin : ce matin ensoleillé où tout a changé.

Il était à peine parti depuis deux minutes quand elle a reçu l'appel. Il allait simplement chercher du lait pour leur café. Le conducteur du camion ne l'avait pas vu…

Trois jours après l'accident, elle avait remplacé le café avec un verre de quelque chose de plus fort. C'était le troisième jour sans lui et elle n'avait pas encore acheté de lait. Le onzième jour sans lui, elle a perdu son emploi. Aujourd'hui c'est le soixante-septième jour. Elle sait qu'il s'inquièterait s'il la voyait dans cet état. Mais elle ne pense jamais à ça. Il lui manque trop.

Elle reprend son verre, le remplissant sans mesure et l'avalant comme si c'était un antidote.

Son remède bien ingéré, elle cherche quelque chose à faire. Elle a déjà jeté la nourriture qui pourrissait dans le frigo, elle a lavé toutes les fenêtres de la maison et nettoyé les salles de bain deux fois. Même celle qui n'a jamais été utilisée. Vaincue, elle se dirige vers son lit.

Minuit. Elle somnolait quand elle a senti une main douce effleurer sa joue et caresser sa mâchoire. Elle aurait dû se sentir effrayée mais quelque chose dans ce toucher calmait tous ses cafards.

Elle ouvre les yeux et aperçoit un visage illuminé par la lumière de la lune. C'est lui. Soudain, elle pousse les couvertures de côté et jette ses bras autour de son cou. Elle presse son nez contre ses cheveux brun clair et respire profondément pour assouvir le besoin de l'odeur délicieuse qui lui a tellement manquée. Les larmes coulant sans cesse.

Il ne dit rien, mais elle sait pourquoi il est ici...

– Arrête de te torturer, lui disait-il avec son regard. « Ce n'est pas ta faute. Il est temps de recommencer ta vie, ma belle… »

Ils sont restés comme ça toute la nuit : leurs corps enlacés, les yeux fixés dans le regard de l'autre. C'était donc une surprise quand elle a entendu les oiseaux qui chantaient déjà dehors. Toujours fatiguée, elle s'est endormie de nouveau.

7 h 21. Elle se réveille, la sueur perle sur son front. La vérité l'a frappée comme une claque au visage. C'était tout un rêve, un rêve éthylique. Elle sort de son lit et elle tombe presque. La gueule de bois est au rendez-vous, juste à temps. Elle se dirige vers la cuisine pour chercher son remède.

Là, sur le comptoir éblouissant, fume une tasse de café au lait.

Manuela Sosa (document étudiant non publié, 2010)

Grilles de révision

Ce travail de révision est très important. Il ne s'agit pas de remplir les grilles sans avoir fait ce que l'on vous demande. Celles-ci vont vous permettre d'éviter 90 % des erreurs qui se seront glissées dans votre texte et que le correcticiel n'aura peut-être pas relevées. Prenez votre temps.

TABLE 5.7 L'organisation

	Cochez la réponse appropriée
Le texte comporte-t-il :	
une situation initiale?	Oui ___ Non ___
un événement déclencheur?	Oui ___ Non ___
des personnages principaux?	Oui ___ Non ___
des personnages secondaires?	Oui ___ Non ___
des circonstances particulières?	Oui ___ Non ___
une progression chronologique et dramatique?	Oui ___ Non ___
Chaque idée principale est-elle facilement identifiable?	Oui ___ Non ___
Les actions dans chaque paragraphe s'enchaînent-elles bien?	Oui ___ Non ___
Employez-vous des marqueurs de temps? (Ex. : un peu plus tard, le lendemain, etc.)	Oui ___ Non ___
Le texte est-il écrit au passé?	Oui ___ Non ___
La structure des phrases est-elle variée? (phrases déclaratives, interrogatives, exclamatives, nominales, infinitives, etc.)	Oui ___ Non ___
Les phrases complexes sont-elles bien formées?	Oui ___ Non ___
Votre nom : ______________________	

TABLE 5.8 La forme : l'orthographe, la grammaire, la syntaxe, le vocabulaire et la ponctuation

	Cochez la réponse appropriée
Soulignez tous les verbes. – Sont-ils au passé? – Y a-t-il d'autres temps employés?	Oui ___ Non ___ Oui ___ Non ___
Les participes passés sont-ils bien accordés?	Oui ___ Non ___
Y a-t-il des répétitions de verbes? Y a-t-il des répétitions de noms?	Oui ___ Non ___ Oui ___ Non ___
Avez-vous vérifié le genre de tous les mots? (Utiliser un dictionnaire et revoir les règles dans l'Appendice 3)	Oui ___ Non ___
Y a-t-il des anglicismes : structures ou expressions anglaises traduites?	Oui ___ Non ___
Les déterminants (les adjectifs possessifs, démonstratifs et les articles) sont-ils employés correctement? Les accords ont-ils été faits?	Oui ___ Non ___ Oui ___ Non ___
Les accords des adjectifs qualificatifs ont-ils été faits?	Oui ___ Non ___
L'emploi des prépositions est-il correct?	Oui ___ Non ___
Y a-t-il beaucoup trop d'adverbes en -ment? Les adverbes sont-ils généralement bien placés dans la phrase?	Oui ___ Non ___ Oui ___ Non ___
Y a-t-il des mots plats, tels que « chose, être, avoir, dire, faire, il y a…»? Le vocabulaire est-il particulièrement riche? Le vocabulaire appartient-il à un champ lexical particulier?	Oui ___ Non ___ Oui ___ Non ___ Oui ___ Non ___
La ponctuation est-elle correcte? (Revoir le tableau de l'Appendice 7)	Oui ___ Non ___
Votre nome : ___________________________	

Grille d'évaluation du collègue

Lisez avec attention le texte de votre collègue. Le but principal de cette grille est de l'aider à améliorer son texte. Il ou elle fera de même pour vous. Évitez donc de dire que tout est parfait (cela arrive rarement!), car en faisant cela vous ne lui rendez pas service. Il n'est pas question non plus de détruire son travail. Il s'agit surtout d'un travail de détection constructif. Deux paires d'yeux voient plus d'erreurs qu'une seule.

TABLE 5.9

	Cochez la réponse appropriée
Avez-vous bien compris ce que votre collègue a écrit? Le récit est-il conforme aux directives?	Oui ___ Non ___ Oui ___ Non ___
Le texte comporte-t-il : – une situation initiale? – un événement déclencheur? – divers personnages (ou un seul)? – des circonstances particulières? – une progression chronologique et dramatique? – un climax – une chute – la chute est-elle satisfaisante?	 Oui ___ Non ___ Oui ___ Non ___ Oui ___ Non ___ Oui ___ Non ___ Oui ___ Non ___ Oui ___ Non ___ Oui ___ Non ___ Oui ___ Non ___
Les actions dans chaque paragraphe s'enchaînent-elles bien? Y a-t-il des mots liens? Y a-t-il des marqueurs de temps? (Ex. : plus tard, le lendemain, etc.) Les verbes au passé sont-ils bien conjugués et accordés? Les autres temps sont-ils bien employés?	Oui ___ Non ___ Oui ___ Non ___ Oui ___ Non ___ Oui ___ Non ___ Oui ___ Non ___
Y a-t-il des anglicismes : dans la structure ou dans des expressions anglaises traduites?	Oui ___ Non ___
Les noms et les déterminants sont-ils bien accordés?	Oui ___ Non ___
Nom du correcteur : ______________________________	

Donnez votre appréciation générale de ce travail en deux ou trois phrases. Dites ce que vous avez apprécié. Dites aussi ce qui, selon vous, mériterait d'être retravaillé pour rendre la nouvelle ou le conte encore plus attirant(e).

____

____

____

____

____

Votre nom et signature ______________________________

NOTES

1. Groleau et Therrien (2015, p. 92).
2. Tiré du site Web : www.espacefrancais.com/inventer-un-recit-**fantastique**/, consulté le 3 juillet 2015.

Appendice 1

Les groupes de mots

Tout travail de composition requiert une part de créativité, mais aussi une bonne connaissance de la langue. Dans cet appendice, nous avons regroupé différentes rubriques qui vont vous permettre, d'une part, de bien comprendre comment fonctionnent tous les éléments qui composent une phrase et, d'autre part, d'éviter les erreurs les plus fréquentes.

Les 7 groupes de mots

Une phrase n'est pas qu'une suite de mots placés les uns à côté des autres. Elle est formée de différents **groupes de mots** reliés entre eux selon les règles de la logique et de la cohérence. Le mot le plus important d'un groupe est appelé **le noyau.** Il est accompagné par d'autres mots, **les expansions**[1] :

- Le groupe nominal (GN)
- Le groupe verbal (GV)
- Le groupe adjectival (GAdj)
- Le groupe prépositionnel (GPrép)
- Le groupe adverbial (GAdv)
- Le groupe participial (GPart)
- Le groupe infinitif (GInf)

1. Le groupe nominal (GN)
   - Son noyau est **le nom** précisé par son **déterminant** (article défini ou indéfini, adjectif possessif ou démonstratif) : Tu vois les/des/leurs/ces garçons.
   - Le noyau peut inclure différentes expansions :
     - Un groupe **adjectival** (GAdj) : Tu vois les jeunes garçons.
     - Un groupe **prépositionnel** (GPrép) : Tu vois les jeunes garçons de cette femme.
     - Une **subordonnée relative** : Tu vois les jeunes garçons qui habitent à côté de chez nous.
     - Un **groupe participial** (GPart) : Tu vois les jeunes garçons dansant sur la place.

2. Le groupe verbal (GV)
   - Son noyau est **le verbe conjugué.**
   - Dans le groupe verbal, le verbe peut être seul ou être complété par :
     - Un GN : Il mange une pomme.
     - Un GPrép : Je pense à tous mes amis.
     - Un GPart : Il arrive en dansant.
     - Un GInf : Elle aime parler.
     - Un GAdj : Nous sommes libres.

  - Un GAdv : Il part discrètement.

3. Le groupe adjectival (GAdj)
   - Son noyau est **l'adjectif**.
   - Le GAdj est habituellement inclus dans un GN : J'aime sa jolie robe.
   - Il est inclus dans un GV : Son frère est courageux.
   - Il est inclus dans un GPrép : Le chat est sur le toit rouge.

4. Le groupe prépositionnel (GPrép)
   - Son noyau est la **préposition**.
   - Le GPrép est inclus dans un GN : Dans la maison, il y a des souris.
   - Il est complété par un GAdv : Ils s'aimeront pour toujours.
   - Il est complété par un GInf : Il t'interdit de fumer.

5. Le groupe adverbial (GAdv)
   - Son noyau est **l'adverbe**.
   - Il est complété par un autre GAdv : Tu marches trop lentement.
   - Il est complété par un GPrép : Malheureusement pour lui, on l'avait vu voler.

6. Le groupe infinitif (GInf)
   - Son noyau est **le verbe à l'infinitif**.
   - On le retrouve dans un GPrép : Le chien cherchait à sortir.
   - On le retrouve aussi dans **une proposition infinitive** : Nous aimions voir les enfants jouer à cache-cache.

7. Le groupe participial (GPart)
   - Son noyau est **le participe passé** ou **le participe présent**.
   - Il peut être inclus dans un GN : Les soldats avaient enfin retrouvé l'enfant perdu.
   - Il peut être inclus dans un GPrép : Se cachant sous un drap, l'enfant jouait au fantôme.

Exercice d'application

Placez entre crochets les différents groupes de mots contenus dans les phrases ci-dessous et identifiez la nature de chacun.

Ex. : Encouragé par ses résultats, il **travaillait** encore plus fort.
[Encouragé par ses résultats] = GPart
[il travaillait] = GV conjugué à l'imparfait
[plus fort] = GAdj

1. André est jaloux.

____

2. Il se passe des choses étranges dans cette maison.

____

3. Pour les fêtes, mes parents auront trois jours de congé.

____

4. Ce matin, cette étudiante est arrivée très tôt.

____

5. À cette époque, les gens buvaient beaucoup.

____

NOTE

1. Voir M. David (2001), pp. 78-82.

Appendice 2

Les fonctions syntaxiques

Nous avons vu que les mots appartenaient à des catégories. Or, il importe de comprendre que celles-ci ont un rôle particulier à jouer dans les phrases. On appelle ce rôle **la fonction syntaxique**. Lorsqu'on écrit en français, la fonction est importante car elle permet d'éviter l'erreur. Vous savez déjà comment certaines de ces fonctions agissent. Prenons par exemple **la fonction sujet**. Vous savez que, si le sujet du verbe est pluriel, vous devez accorder le verbe en conséquence : *Les filles* [sujet] *sortent de l'école à 5 heures.*

Les trois fonctions principales : *sujet*, *attribut* et *complément*

Le sujet (GN)

Il est obligatoire comme le GV et c'est lui qui fait l'action exprimée par le verbe. Il peut être sous-entendu dans les phrases à l'impératif; il est placé soit à gauche (le plus souvent), soit à droite du verbe (dans les phrases interrogatives).

On l'identifie en pronominalisant le nom : Anna ouvrit la porte. Elle ouvrit la porte.

On peut aussi poser les questions « qui est-ce qui? » et « qu'est-ce qui? » immédiatement avant le GV : *Qui est-ce qui ouvrit la porte? C'est Anna.*

Cette identification est nécessaire pour accorder correctement le verbe avec son ou ses sujets. Certains verbes impersonnels comme « falloir, neiger, pleuvoir » ont un sujet apparent qui ne représente ni un être, ni une chose : *Il a neigé toute la nuit.*

Comment faire l'accord du verbe avec différents types de sujets?

1. S'il y a plusieurs sujets à la 3e personne, ⟶ le verbe se met à la 3e personne du pluriel.
   Ex. : Le lait et la confiture ne se mélangent pas.

2. Si le sujet est « on », ⟶ le verbe se met à la 3e personne du singulier.
   Ex. : On doit se laver chaque jour.

3. Si le sujet est un nom collectif sans complément, ⟶ le verbe se met à la 3e personne du singulier si le nom est singulier.
   Ex. : La foule se presse aux portes du musée.

4. Si le sujet est un nom collectif suivi de son complément, ⟶ le verbe s'accorde avec le mot sur lequel l'auteur met le plus d'insistance.
   Si on insiste sur la quantité, ⟶ le verbe est au pluriel.
   Ex. : Tout un peuple de fourmis se précipitaient vers la fourmilière.

   Si le nom collectif est précisé par un adjectif, un possessif ou un démonstratif, ⟶ le verbe s'accorde avec le nom collectif.

Ex. : Une longue file de soldats avançait péniblement dans la forêt.

Avec les expressions : « un grand nombre de, un petit nombre de, la majorité de, la totalité de, une partie de », ⟶ le verbe s'accorde avec le nom collectif.

Ex. : Un petit nombre d'étudiants s'oppose à la grève.

5. Si le sujet désigne différentes personnes, ⟶ le verbe s'écrit à la 1re personne du pluriel si un des sujets est à la 1re personne du singulier.

   Ex. : Jean et moi avions envie de te voir.

   Si un des sujets est à la 2e personne (singulier ou pluriel), ⟶ le verbe s'écrit à la 2e personne du pluriel.

   Ex. : Toi et tes enfants aimez les manèges.

   Avec des sujets multiples, faire attention au genre, ⟶ le masculin l'emporte sur le féminin.

   Ex. : Vous et votre femme êtes les bienvenus chez nous.

6. Si le sujet est placé après le verbe, ⟶ on pose les questions « qui est-ce qui? » et « qu'est-ce qui? » pour savoir comment le verbe s'accorde.

   Ex. : De la forêt s'élevaient des cris d'animaux sauvages.

7. Si le sujet est inséré entre « c'est » et « qui », ⟶ le verbe s'accorde avec ce mot.

   Ex. : C'est moi qui ai gagné la coupe.

   Ex. : C'étaient les enfants qui criaient le plus.

8. Si les sujets sont unis par « ou » et « ni », ⟶ le verbe s'accorde avec tous les sujets si l'action exprimée concerne tous les sujets.

   Ex. : La peur ou la pauvreté causent bien des malheurs.

   Si le « ou » ou le « ni » apporte une idée d'opposition, ⟶ le verbe reste au singulier.

   Ex. : Ni toi ni elle ne pensa à fermer la porte à clé.

9. Si le sujet est précédé de « beaucoup de, la plupart de, moins de, peu de, trop de », ⟶ le verbe s'accorde avec le noyau du GN.

   Ex. : Peu de gens aiment les sushis.

   Quand « le peu » + complément est un sujet, ⟶ le verbe est au singulier si « le peu » signifie « le manque de ».

   Ex. : Le peu de fleurs dans son jardin le désole.

   Si « le peu » a le sens de « petite quantité suffisante », ⟶ le verbe s'accorde avec le complément.

   Ex. : Le peu de preuves ont suffi à le faire inculper.

10. Lorsqu'un déterminant quantifiant (la plupart, la majorité, beaucoup, peu, etc.) non suivi d'un nom est un sujet, ⟶ le verbe se met à la 3e personne du pluriel.

    Ex. : La majorité étaient des ouvriers non qualifiés.

    Ex. : Il est évident que beaucoup ne savaient pas lire.

L'attribut (GN ou GAdj)

Un attribut du sujet est un mot ou groupe de mots qui complètent le sujet. On le trouve généralement avec des verbes attributifs (*être, paraître, sembler, devenir, rester*, etc.) Cela peut être un nom ou un adjectif.

Ex. : C'était déjà tout un pari.

Ex. : Elles devenaient de plus en plus malheureuses.

Le complément

- **Le complément d'objet direct du verbe (COD)**

  Ce complément fait partie du GV. Le COD est la chose ou la personne sur laquelle porte l'action du verbe. On l'appelle direct parce qu'il n'y a pas de préposition pour le relier au verbe. On l'identifie en posant les questions : « qui, quoi? » selon le cas.

  Ce complément d'object direct peut être :
  - Un GN (nom ou pronom) : Ils avaient fait leurs devoirs, mais les avaient bâclés.
  - Un GInf : Il faut verser le lait avant le thé, dit-on.
  - Une proposition subordonnée complétive : Nous pensons qu'il est l'heure de partir.

- **Le complément d'objet indirect du verbe (COI)**

  Comme le COD, le complément d'objet indirect fait partie du GV. Le COI est la chose ou la personne sur laquelle porte l'action. On l'appelle indirect parce qu'il y a une préposition (*à, de, pour, avec*) qui le relie au verbe. On l'identifie en posant les questions : « à qui, à quoi, de qui, de quoi, pour qui, pour quoi, avec qui, avec quoi? » selon le cas.

  Ce complément d'object indirect peut être :
  - Un GN (nom) : Je rêvais de mes vacances en Turquie.
  - Un GN (pronom) : Elle lui téléphone tous les jours.
  - Un GInf : Il s'efforce d'écrire sans fautes.
  - Une proposition subordonnée complétive : Le directeur est surpris que le feu ait détruit le laboratoire.

- **Le complément d'agent (CA)**

  Ce type de complément ne se retrouve qu'avec le verbe à la forme passive (*être* + participe passé du verbe). Au point de vue du sens, il est vraiment le sujet du verbe passif. C'est toujours un GPrép. On l'identifie en posant les questions : « par qui, par quoi? ». Notez que l'on peut aussi poser les questions « de qui, de quoi? ».

  Ex. : Le cerf-volant a été emporté par le vent. (par quoi?)

  Ex. : Marie sera remplie de joie à l'idée de revoir son fiancé. (de quoi?)

- **Le complément circonstanciel (CC)**

Il désigne des conditions, des circonstances de l'action du verbe. Ce complément peut être :

- Un GPart : Il travaillait en chantant. (CC de manière : comment?)
- Un GPrép : La mouffette s'était cachée sous le porche. (CC de lieu : où?)
- Un GAdv : Il pleut depuis longtemps. (CC de temps : depuis quand?)
- Une proposition subordonnée circonstancielle :
  - Quand le vent souffle, on se croirait aux Hauts du Hurlevent. (CC de temps : quand?)
  - Le vieillard était triste parce que son chien avait disparu. (CC de cause : pourquoi?)
  - Il ne se dépêche pas bien que le couvre-feu soit en vigueur. (CC de concession : bien que quoi?)
  - Joey rentre toujours par la fenêtre. (CC de manière : comment?)

Exercice d'application

Identifiez la fonction des mots soulignés en utilisant les réponses de la colonne de droite. Il se peut que plusieurs fonctions reviennent.

TABLE 6.1

Les douaniers furent avertis par un délateur que la voiture des fuyards avait été abandonnée sur la route.	a. sujet du verbe b. attribut du sujet c. COD d. COI e. complément d'agent f. complément du nom g. complément de l'adjectif h. complément circonstanciel
Pour clouer cette planche, il faut des clous plus longs, lui dit-il.	
À cause de la récession, la capitale du pays fut assiégée par les manifestants.	
Angèle range les livres en bon ordre sur les étagères.	
Ces pêcheurs sont fiers de leur nouveau bateau.	

Appendice 3

Le genre des noms

Le français ne suit pas la tradition latine de la terminaison en « a » pour le féminin ou « o » pour le masculin que l'on retrouve en espagnol, en italien et en portugais. En français, on utilise presque toutes les lettres de l'alphabet dans les terminaisons, d'où la difficulté pour les étudiants[1]. On peut cependant tenter de formuler une règle. Toutefois, elle n'est pas absolue et la meilleure façon de déterminer le genre d'un nom est de l'apprendre lorsqu'on le rencontre pour la première fois dans un dictionnaire.

Règles

Sont masculins :

- les noms terminés par les **consonnes** suivantes : **B** (crabe), **G** (mage), **K** (cake), **L** (voile), **M** (poème), **R** (précédé d'une consonne : arbre), **X** (axe), **Z** (trapèze) **lorsqu'elles sont suivies d'un « e » muet.**

  Attention : Si le « r » est précédé d'un « c, p, r, v », le mot peut être féminin.

  Ex. : l'an**c**re, la **c**roupe; la **p**roue, la te**r**re; la couleu**v**re, l'œu**v**re.

  Phrase mnémotechnique pour se rappeler ces consonnes suivies d'un « e » muet :

  Gee ! **KeL MaXime BiZarRe**! (Gee, quelle maxime bizarre!)

- les noms terminés par une **consonne** (bol, toit, car, legs, poisson, calumet, film, lapsus, tablier, buvard) sauf les mots en *-ion* et en *-aison* qui sont féminins, alors que le mot avion et ses composés sont masculins (un hydravion).
- les noms terminés par une **voyelle** : **a**, **i**, **o**, **u**, (agenda, alibi, zoo, chou).
- **les mots composés** (tire-bouchon, porte-manteau).

Exercice d'application

Indiquez le genre à côté des noms de la liste ci-dessous, et déterminez-en la raison.

TABLE 6.2

rival	buvette	dégustation	collier
fièvre	enlèvement	terre	démangeaison
volant	cor	poulet	porte-avion
courgette	culbute	cocotier	fronde
rêverie	laverie	liste	lavoir
bol	bison	fromage	incompétence
lampe	film	prêtre	stéthoscope

* Le mot « stéthoscope » est employé ici pour montrer que la règle n'est pas absolue.
  Les mots en « scope » sont toujours masculins. Ex. : *un magnétoscope, un télescope...*

NOTE

1. Voir M. N. Burns (1998), pp. 314-315.

Appendice 4

Les différents types de phrases

Il est important de connaître les différents types de phrases, car ces dernières vont vous permettre de rendre votre texte plus intéressant. Il existe deux catégories de phrases : les nominales et les verbales qui peuvent être **déclaratives** (**affirmatives** ou **négatives**), **interrogatives**, **impératives** ou **exclamatives**[1].

Déclarative : Le chat a attrapé la souris. Il ne l'a pas mangée.
Interrogative : Qui a mangé tout le chocolat?
Impérative : Prends tes affaires et sors d'ici!
Exclamative : Que vous êtes gentil de faire ça pour moi!

Les nominales et les verbales

1. Les phrases nominales (ou phrases réduites) **sont construites autour d'un nom, d'un adjectif, d'un adverbe.**

   Ex. : Quel **temps** de chien! (nom)

   Ex. : **Enchanté**! (adjectif)

   Ex. : Il a eu peur? **Très**! (adverbe)

2. Les phrases verbales **sont construites autour d'un verbe conjugué ou à l'infinitif.**

   Ex. : L'avion **s'est posé** en douceur.

   Ex. : Pourquoi **prendre** l'avion?

La phrase verbale **n'ayant qu'**un seul verbe conjugué, par phrase, est une **phrase simple**. **On l'appelle : proposition indépendante.**

Ex. : Le garçon jouait avec son train électrique. Son père l'avait installé dans sa chambre. Les rails sillonnaient le plancher. L'enfant était surtout fasciné par la petite locomotive rouge.

La phrase **verbale** ayant **plusieurs verbes** conjugués, des pronoms relatifs et des conjonctions de subordination est une **phrase complexe.**

Ex. : Ma sœur est rentrée tard hier soir parce qu'elle devait mettre la dernière touche à une soirée cinéma qui attirerait de nombreux étudiants pendant la fin de semaine.

« Ma sœur est rentrée tard hier soir » est **la proposition principale** dont dépendent les deux autres **propositions subordonnées :**

- « parce qu'elle devait mettre la dernière touche à une soirée cinéma » est une proposition subordonnée circonstancielle de cause introduite par la conjonction de subordination *parce que*;
- « qui attirerait de nombreux étudiants pendant la fin de semaine » est une proposition subordonnée relative introduite par le pronom relatif sujet *qui*.

Exercice d'application

Dans le passage suivant, indiquez oralement les différents types de phrases.

> Antoine est mon frère jumeau. Nous nous ressemblons comme deux gouttes d'eau. Quand nous étions plus jeunes, on nous prenait constamment l'un pour l'autre. Nous ne fréquentions pas la même école et ses professeurs, que je rencontrais parfois, ne manquaient pas de me saluer. Le destin nous a séparés. Antoine, qui n'aime pas les hivers rigoureux, est allé s'installer à Vancouver. Cette ville est beaucoup plus belle et bien moins triste que notre petit village du nord de l'Ontario! Mais pour moi, passionné de ski de fond et de pêche, rien n'est plus beau que le silence de la nature. Est-ce que je quitterai un jour ma terre natale? Rien ne permet de le supposer. L'autre jour, dans une revue de sport, j'ai découvert un article sur mon frère : « Antoine Carreau : nouvel espoir du ski acrobatique! » Je n'en croyais pas mes yeux. Mon frère, qui avait toujours évité de mettre le nez dehors en hiver quand il habitait encore en Ontario, venait de décrocher une médaille aux championnats du monde de ski acrobatique. Il venait même de se qualifier pour les prochains Jeux olympiques d'hiver! Qui l'eût cru! Quel cachottier! Même nos parents n'en savaient rien!
>
> Catherine Black (2015)
> document non puplié adapté de
> *l'invitation à écrire* 1ère édition, 2004, p. 15.

NOTE

1. Voir Descotes-Genon, Morsel et Richou (1997), pp. 10-11.

Appendice 5

Le style

L'amélioration d'un texte peut s'effectuer à différents niveaux. On peut commencer en évitant les répétitions, ensuite travailler sur la précision du vocabulaire et enfin jouer avec la structure et la composition des phrases.

La répétition

La répétition est souvent présente dans les travaux d'étudiants. La solution à ce problème consiste souvent en l'utilisation **de synonymes et de pronoms personnels, relatifs et démonstratifs.**

1. Utilisation de **synonymes**

   Phrases de départ : Pendant la guerre du Vietnam, les soldats américains marchaient sur des kilomètres. Les soldats marchaient dans des forêts. Ces forêts étaient très denses, sombres et humides.

   Phrases améliorées : Pendant la guerre du Vietnam, les soldats américains parcouraient à pied des kilomètres dans des forêts denses, sombres et humides.

2. Utilisation de **pronoms personnels (sujet et complément)**

   Phrases de départ : Chaque jour, les enfants quittaient la ferme avant le lever du jour; les enfants devaient marcher pendant une bonne heure pour se rendre jusqu'à l'arrêt d'autobus qui conduirait ces enfants à l'école du village voisin.

   Phrase améliorée : Chaque jour, les enfants quittaient la ferme avant le lever du jour; ils devaient marcher pendant une bonne heure pour se rendre jusqu'à l'arrêt d'autobus qui les conduirait à l'école du village voisin.

3. Utilisation de **pronoms relatifs**

   Phrases de départ : Cette jeune femme était très sympathique. J'ai rencontré cette jeune femme dans une réception. Cette réception était organisée par notre patron.

   Phrase améliorée : Cette jeune femme, que j'ai rencontrée à la réception qui était organisée par notre patron, était très sympathique.

   Autre possibilité, on peut éviter la ou les deux proposition(s) relative(s) « que j'ai rencontrée » et « qui était organisée » en la (les) remplaçant par des participes passés.

Phrase améliorée en enlevant une proposition relative : Cette jeune femme, que j'ai rencontrée à la réception organisée par notre patron, était très sympathique.

Ou en enlevant les deux propositions relatives :

Cette jeune femme, rencontrée à la réception organisée par notre patron, était très sympathique.

Voir plus loin **le point 3 de la section suivante** pour les façons de remplacer le pronom relatif.

4. Utilisation des **pronoms démonstratifs**

   Phrases de départ : J'adore les romans policiers. Les romans policiers me tiennent en haleine jusqu'à la fin.

   Phrase améliorée : J'adore les romans policiers, car ceux-ci me tiennent en haleine jusqu'à la fin.

Exercice d'application

Dans le texte suivant, repérez les répétitions en les soulignant, puis remplacez-les par des synonymes, ou en utilisant des pronoms personnels, relatifs et démonstratifs.

> Je vis dans la région de Vancouver depuis cinq ans. Je suis né en France, mais j'ai vécu dans d'autres régions du Canada donc je ne connais pas beaucoup cette région. Vancouver est une belle ville tout en verre. Il me semble que cette ville devient de plus en plus peuplée; il y a continuellement de la construction puisque tout le monde veut vivre dans cet environnement magnifique, entre les montagnes et la mer. Le climat de cette ville n'est pas aussi rigoureux que celui du Québec, c'est pourquoi tout le monde aimerait y habiter. J'aime vivre à Vancouver parce que c'est une grande ville où il y a beaucoup à faire si on est actif. C'est la ville parfaite, selon moi.
>
> Catherine Black (2015)
> document non puplié adapté de
> *l'invitation à écrire* 1ère édition, 2004, p. 17.

Afin d'améliorer le style, il est aussi possible de « jouer » avec les phrases.

1. **On peut** intercaler une autre phrase dans la phrase originale, soit au début, soit dans le corps de la phrase elle-même.

   Phrases de départ : Marie a consulté immédiatement les documents posés sur son bureau. Elle venait de revenir de sa réunion.

Phrase améliorée 1 : En revenant de sa réunion, Marie a consulté immédictement les documents posés sur son bureau.

Phrase améliorée 2 : Marie, qui venait de revenir de sa réunion, a consulté immédiatement les documents posés sur son bureau.

2. **On peut aussi** créer certains effets **ou** mettre en relief certains éléments de la phrase en les déplaçant au sein même de la phrase :

   Phrase de départ : L'express de 6 heures entre avec fracas dans la gare endormie.

   Phrase améliorée : Dans la gare endormie, entre avec fracas l'express de 6 heures.

3. Dans certains contextes, **la simplification** permet d'éviter les répétitions, d'éliminer les verbes superflus ou plats comme être, avoir, faire, dire, mettre et les relatifs. On peut utiliser à cet effet des participes passés et présents, ou des adjectifs.

   Phrases de départ : Elle avait une robe rouge que sa mère avait faite pour elle. À la soirée de Noël, tout le monde lui avait dit que sa robe rouge était superbe.

   Phrase améliorée : À la soirée de Noël, tout le monde l'avait complimentée sur la superbe robe rouge confectionnée par sa mère.

   Phrase de départ : Quand elle était en voyage, elle aimait bien découvrir de nouveaux restaurants qui avaient des menus innovateurs qui étaient faits avec passion par des chefs qui faisaient partie de l'école de la nouvelle cuisine.

   Phrase améliorée : Quand elle voyageait, elle aimait bien découvrir de nouveaux restaurants ayant des plats innovateurs cuisinés avec passion par des chefs appartenant à l'école de la nouvelle cuisine.

   Ou encore : Quand elle voyageait, elle aimait bien découvrir de nouveaux restaurants aux plats innovateurs cuisinés avec passion par des chefs de l'école de la nouvelle cuisine.

   On peut faire de même dans un paragraphe plus complexe.

   Texte de départ :

   Voici une histoire qui est véridique. C'est celle d'une course de chevaux qui a marqué l'année où j'ai eu 15 ans. Tous les jours où il y avait des courses, mon grand-père m'emmenait à l'hippodrome où se déroulaient les courses. Je me souviens encore des chevaux qui explosaient des barrières et se ruaient sur la piste. Ils avaient les naseaux qui écumaient, la crinière qui flottait au vent. Ils couraient comme s'ils avaient le diable à leurs trousses.

Texte amélioré :

Voici ~~une~~ **l'**histoire ~~qui est~~ véridique~~. C'est celle d'une course de chevaux~~ qui a marqué l'année ~~où j'ai eu~~ **de mes** 15 ans. ~~où il y avait des~~, Mon grand-père m'emmenait à l'hippodrome **tous les jours de courses.** ~~où se déroulaient les courses.~~ Je me souviens encore des chevaux ~~qui explosaient~~ explosant des barrières et ~~qui se ruaient~~ se ruant sur la piste, ~~ils avaient~~ les naseaux ~~qui écumaient~~ écumants et la crinière ~~qui flottait~~ au vent. Ils couraient comme s'ils avaient le diable à leurs trousses.

4. La **nominalisation** est une autre technique qui permet de transformer une construction verbale ou adjectivale en groupe nominal. On la retrouve surtout dans les titres de journaux ou de revues par économie de place et surtout pour attirer l'attention du lecteur.

   Phrases de départ : Un train a déraillé (verbe) dans le sud de l'Ontario. Deux personnes sont mortes (verbe) et de nombreuses personnes sont blessées (verbe).

   Phrase améliorée : Déraillement (nom) de train dans le sud de l'Ontario : deux morts (nom) et de nombreux blessés (nom).

Exercice d'application

Lisez le passage suivant (suite du récit commencé à la page précédente) et essayez d'améliorer le style. Repérez les répétitions en les soulignant et remplacez-les en trouvant des synonymes, et en utilisant des pronoms personnels, relatifs et démonstratifs. Pensez aussi que la structure de certaines phrases peut être modifiée. Des phrases simples peuvent être coordonnées pour devenir complexes ou au contraire simplifiées en éliminant les verbes superflus (*avoir, être, faire*...). Pensez aussi à la nominalisation.

> Ce jour-là, la course venait de commencer, les jockeys qui portaient des tuniques aux couleurs vives ressemblaient à des insectes qui étaient agrippés aux dos des chevaux qui passaient dans un fracas de sabots et des nuages de poussière. Tout à coup, le cheval de tête a trébuché et le jockey s'est littéralement envolé. Il est retombé lourdement sur le sol. Le cheval a continué de galoper. Le gros du groupe arrivait à vive allure et le jockey ne se relevait toujours pas. Tout à coup, le cheval qui avait perdu son jockey s'est arrêté net. Il avait les oreilles qui se dressaient bien droites, il respirait fort. Tout à coup, il a fait volte-face et s'est précipité vers le jockey blessé. D'un bond, il a sauté par dessus le corps qui était allongé sur la piste. Il s'est placé comme un bouclier pour protéger son jockey. Les autres chevaux ont essayé de l'éviter, mais malheureusement c'était trop tard. Ils l'ont heurté de plein fouet.
>
> Catherine Black (2015)
> document non puplié adapté de
> *l'invitation à écrire* 1ère édition, 2004, p. 20.

Appendice 6

Les figures de style

Les figures de style sont des procédés qui permettent de rendre les textes plus imagés, évocateurs et convaincants. Elles représentent des façons de s'exprimer avec plus d'expressivité.

Tableau des figures de style

TABLE 6.3

Figure	Définition	Exemple	Effet
Allitération	Répétition des consonnes dans des mots qui se suivent.	« Pour qui sont ces serpents qui sifflent sur nos têtes. » (J. Racine)	Elle vise à imiter des sons produits par des objets, des animaux ou des humains. Elle contribue à la musicalité des phrases.
Anaphore	Répétition d'un mot ou d'une expression au début de plusieurs vers ou phrases (surtout utilisée en poésie).	« Trouver des mots forts comme la folie Trouver des mots couleur de tous les jours Trouver des mots que personne n'oublie. » (L. Aragon)	Elle souligne un élément particulier de la phrase. Elle contribue au rythme et à l'effet musical des vers.
Antiphrase	Elle consiste à dire exactement le contraire de ce que l'on pense dans le but de se moquer de quelqu'un ou d'une situation.	Qu'est-ce qu'il peut être intelligent, lui! (pour dire qu'il est stupide)	Elle vise à faire rire. À ridiculiser, à dénoncer une situation ou à accentuer l'ampleur d'un sentiment.
Antithèse	Contraste entre deux mots ou deux groupes de mots qui renvoient à des réalités opposées.	Catherine est un soleil, son frère est un orage.	Elle permet de mettre en évidence le caractère opposé de deux réalités.
Comparaison	Mise en parallèle explicite de deux réalités (à l'aide de mots comme : tel, comme, ainsi que, pareil à).	Kayla est rusée comme un renard.	Elle permet le rapprochement de deux réalités pour en faire ressortir la similitude ou la différence.
Énumération	Accumulation de plusieurs termes, les uns à la suite des autres.	Il nous a tout raconté : ses peurs, ses joies, sa haine, ses amours.	Elle sert à apporter des détails sur les descriptions. Elle peut faire ressortir des contrastes, des contradictions.
Euphémisme	Emploi, à la place d'un mot, d'un autre mot ou d'une expression qui en atténue le sens.	« Il est temps que je me repose. » (V. Hugo) (= il est temps que je meure)	Elle permet de rendre la réalité moins brutale ou moins désagréable.
Gradation	Présentation d'une suite d'idées, de sentiments, d'actions dans un ordre croissant ou décroissant.	« Mon bel amour, mon cher amour, ma déchirure. » (L. Aragon)	Elle rend saisissante la progression d'un sentiment, d'une idée, des actions. Elle peut créer des effets d'exagération.

Figure	Définition	Exemple	Effet
Hyperbole	Emploi volontaire de mots et d'expressions exagérés.	Je meurs de fatigue.	Elle sert à mettre en relief une réalité et à créer l'emphase.
Litote	Expression moins directe (souvent par un verbe à la forme négative) pour atténuer une idée.	Il n'est pas très doué. (= Il est nul.)	Elle invite le lecteur à chercher la pensée derrière l'expression atténuée. Elle exprime beaucoup plus qu'il n'est dit.
Métaphore	Consiste à comparer deux éléments sans que le mot comparatif soit exprimé.	« La mer est (comme) un miroir. » (C. Baudelaire)	Elle permet d'associer deux éléments du réel pour souligner une certaine ressemblance qui existe entre eux. Les deux éléments rapprochés appartiennent généralement à des domaines différents. Cela permet de créer des images insolites et de suggérer des liens originaux entre les éléments rapprochés.
Métonymie	Consiste à désigner une réalité par le nom d'une autre réalité qui lui est proche du point de vue logique.	Toute la ville a été présente à cette cérémonie. (= toutes les personnes habitant la ville)	Elle permet de nommer une réalité de manière plus imagée et de condenser l'expression.
Oxymore	Consiste à faire coexister deux mots de sens contraire à l'intérieur du même groupe de mots.	« Je la comparerais à un soleil noir. » (C. Baudelaire)	Elle invite le lecteur à réfléchir à une harmonisation possible des deux contraires. L'opposition peut devenir plus saisissante.
Parallélisme	Construction syntaxique semblable pour deux phrases, deux vers.	Il venait d'en haut, elle venait d'en bas.	Il rythme la phrase et crée un effet d'équilibre, d'harmonie. Il peut mettre en évidence une antithèse.
Périphrase	Emploi d'une expression pour désigner un nom précis.	La Ville Lumière (= Paris) Le roi des animaux (= le lion)	Elle attire l'attention sur un détail de la réalité dont on parle, en l'appréciant ou en le dépréciant. Elle sert à éviter la répétition.
Personnification	Attribue à une idée, un animal, une chose, des caractéristiques humaines.	Les arbres pleuraient, fouettés par le vent.	Elle sert à rapprocher le lecteur de la réalité décrite. Grâce au vocabulaire utilisé pour représenter des actions et des qualités humaines, les descriptions deviennent plus animées.
Répétition	Consiste à employer plusieurs fois un même mot ou une même construction syntaxique sans faire de modification de sens.	Je t'aime! Je t'aime! C'est tout ce que je peux te dire.	Elle permet d'insister sur la force d'une émotion, d'une passion pour émouvoir l'interlocuteur.

Reproduit avec la permission de : M. Popica & I. Ste-Marie, *Paragraphes,* Anjou, Québec : Éditions CEC, 2014, pp. 30-32.

Exercice d'application

Indiquez la figure de style employée dans chaque phrase.

1. Elle se comportait comme un animal farouche : ______________________________

2. L'écume des jours (titre d'un livre) : ______________________________

3. Du vin! Du vin! Elle en buvait tellement : ______________________________

4. Tout étant à tenter pour que tout t'aille : ______________________________

5. Ce texte ne manque pas d'intérêt : ______________________________

6. Il a fait ses adieux à sa famille (il est mort) : ______________________________

Appendice 7

La ponctuation

Elle est indispensable à la clarté du message écrit. Elle permet de séparer les phrases, de mettre en évidence certains mots ou groupes de mots, de distinguer les divers éléments de la phrase, de faciliter la compréhension du texte et de mettre en valeur le point de vue de l'auteur[1].

Tableau de ponctuation

TABLE 6.4

Le point	.	Indique la fin d'une phrase déclarative.	Ex. : Les spectateurs avaient regagné leur place. Le rideau se leva.
Le point-virgule	;	Indique une pause moyenne entre deux unités distinctes d'un même énoncé. Pas d'espacement entre la fin du mot et le ;	Ex. : La salle se remplissait peu à peu de spectateurs : des mères qui avaient amené leurs enfants; des adolescents riant et parlant fort; des retraités plus discrets.
Le point d'interrogation	?	Indique la fin d'une phrase interrogative.	Ex. : Pourquoi ne m'as-tu pas prévenu?
Le point d'exclamation	!	Après une interjection ou après une phrase exclamative.	Ex. : Hélas! Que de temps perdu!
La virgule	,	Sépare les parties semblables d'une énumération, des groupes de mots apposés ou juxtaposés.	Ex. : Des coqs, des poules, des canards et des oies s'agitaient dans la cour. Ex. : Le 12 mai prochain, s'ouvrira le Salon du Meuble. Ex. : Paris, capitale de la France.
Les deux points	:	Précèdent une citation, une énumération, une explication.	Ex. : Il a répondu : « Je suis entièrement d'accord avec vous. »
Les guillemets	« ...»	Encadrent le texte littéral d'une citation.	Ex. : Vous commenterez ce vers de Shakespeare : « Être ou ne pas être, voilà la question. »
Les points de suspension	...	À la fin d'une phrase ou d'un membre de phrase, indiquent que, pour diverses raisons, la phrase est inachevée.	Ex. : Au printemps, il importe de nettoyer son jardin et de planter toutes sortes de bulbes : narcisses, jonquilles, jacinthes, crocus...
Le tiret	—	Indique le début d'un dialogue, le changement d'interlocuteur. Deux tirets, encadrant une phrase, remplacent deux virgules ou deux parenthèses.	Ex. : — Avez-vous bien dormi? — Parfaitement bien, merci.
Les parenthèses	(...)	Servent à isoler, dans une phrase, des mots qui ne sont pas indispensables au sens général, ou à donner une explication.	Ex. : Admirer (synonyme de s'extasier devant quelque chose).
Les crochets	[...]	Indiquent qu'on a supprimé une partie de la phrase ou encore apporté des transformations à un texte.	Ex. : J'articule [...] le message codé, mais rien ne se passe. Ex. : « Être ou ne pas être, voilà [toute] la question. »

Descotes-Genon, C., M.H. Morsel et C. Richou. (1999). *L'Exercisier*, troisième édition, Grenoble : Presses Universitaires de Grenoble, 1997, pp. 10–11.

Attention : dans un titre, à part les noms propres, seul le premier mot prend une majuscule (*Un amour de Swann*). Le titre doit aussi être *en italique* ou souligné.

Exercices d'application

1. Après avoir regardé le tableau de la page précédente, trouvez au moins deux différences qui existent entre le français et l'anglais dans l'usage de la ponctuation.

   ____

   ____

   ____

   ____

Attention :

- Il faut répéter la préposition *de* :

  Ex. : J'aime parler **de** la culture et **de** la littérature du Québec.

- Il faut une virgule devant MAIS, CAR, OR :

  Ex. : J'étudie le français, **mais** pas le russe.

  Ex. : Il faut dormir, **car** il se fait tard.

  Ex. : C'est la centième fois qu'il oublie ses clés, **or** j'ai bien envie de barrer la porte.

2. Rétablissez la ponctuation et les majuscules dans les phrases suivantes et faites les changements nécessaires pour obtenir un texte cohérent.

- l'espagnol a une masse de cheveux bouclés sur la tête
- et il fume une cigarette américaine
- il s'appelle Andres
- il est grand mince et semble toujours nerveux
- je ne l'aime pas du tout
- il est en train de lire les misérables de victor hugo
- c'est le premier livre qu'il a acheté à la coop
- l'unique magasin situé à côté de la résidence universitaire marie curie
- il lit dans la chambre
- il ne parle jamais
- quel dommage

NOTE

1. Voir Descotes-Genon, Morsel et Richou (1997), pp. 7-8; M. David (2001), p. 69.

Appendice 8

Les erreurs les plus fréquentes à éviter

Liste à consulter avant de remettre un texte pour éviter ces erreurs

1. L'inversion du sujet avec : **aussi**, **peut-être**, **sans doute**
   * **Aussi** au début d'une phrase + **inversion du sujet et du verbe** = **C'est pourquoi (NOT "Also")**

   Ex. : La famine faisait rage en Irlande. Aussi voulait-il quitter son pays, sa famille, pour trouver ailleurs une meilleure existence.

   (Ireland was devastated by famine. So, he wanted to leave both country and family to find a better life.)

   * Pour traduire **ALSO au début d'une phrase**, dites « **de plus** » ou mettez « **aussi** » à l'intérieur de la phrase, non au début.

   Ex. : Mon père adorait relire les grands classiques. **De plus**, c'était un homme curieux de nature qui passait des heures le nez dans une encyclopédie.

   Ou

   C'était **aussi** un homme curieux de nature qui...

   (My father loved reading again and again the classics. Also, he was a very curious man who spent hours reading an encyclopedia.)

   * **Peut-être** au début d'une phrase + **inversion du verbe et du sujet**

   Ex. : Peut-être viendra-t-il demain. (Maybe, he'll come tomorrow.)

   * **Sans doute** au début d'une phrase + **inversion du verbe et du sujet**

   Ex. : Sans doute réussira-t-il à l'examen. (He will probably pass the exam.)

2. Usage des prépositions et d'expressions adverbiales invariables
   * **In** this manner/way = **de** cette manière/façon
   The way/manner **in which** = la manière **dont**...

   Ex. : La manière **dont** vous avez travaillé a surpris tout le monde.

   (The way/manner in which you worked surprised everyone.)

   * **Throughout** = **tout au long de**

   Ex. : **Tout au long de** l'article, on pouvait remarquer que...

(Throughout the article, one could see that...)
* **To speak about = parler de**

Ex. : Elle adore **parler de** voitures. (She loves to speak about cars.)

* **To think about** = normalement **penser à**

Ex. : Je **pense au** film que je viens de voir. / Vous **pensez** encore **à** elle?

MAIS lorsqu'on veut exprimer une opinion au sujet de quelqu'un ou de quelque chose, on doit dire « **penser de** ».

Ex. : Que **penses**-tu **de** Paul? Ce que je **pense de** lui ne te regarde pas!

(What do you think of Paul? What I think about him is none of your business!)

3. Conjonctions
* **Like** (as if) + sujet + verbe = **comme si** + sujet + verbe

Ex. : Il s'est conduit comme s'il avait eu peur.

(He behaved like he was afraid.)

* **Because of = à cause de** + nom

Ex. : Elle a ouvert toutes les fenêtres **à cause de la** mauvaise odeur.

(She opened all the windows because of the bad smell.)

* **Because** = **parce que** + sujet + verbe

Ex. : Nous sommes sorties **parce que** nous avions trop chaud.

(We went outside because we were too hot.)

4. Vocabulaire
* L'utilisation du mot « **chose** », trop indéterminé, est prohibée. Précisez votre pensée.

Ex. : Cette longue chose sur la table lui faisait peur.

Ce long couteau sur la table lui faisait peur.

* Attention, ne mélangez pas les prépositions dans ces deux expressions :
en conséquence (en + nom) et **par conséquent** (par + adjectif) qui toutes deux signifient « donc ».

Ex. : J'ai regardé la météo à la télé. On annonce de la neige, **par conséquent/en conséquence** il faudra partir plus tôt que prévu.

(I checked the weather on TV. They are forecasting snow, so we'll have to leave earlier than originally planned.)

* **Something/someone** + adjectif = quelque chose de/quelqu'un de

Ex. : J'ai entendu **quelque chose de** triste à la radio.

(I heard something sad on the radio.)

Ex. : Nous avons vu **quelqu'un de** très intéressant à la télévision.

(We saw someone really interesting on TV.)

* Au cinéma, au théâtre ou dans un roman, on dit **un personnage** et non pas **un caractère**, pourtant on parle **du caractère** d'un personnage.

Ex. : Le **personnage** de Wolverine dans *X-Men* est interprété par un acteur australien.

(The character of Wolverine in *X-Men* is played by an Australian actor.)

Ex. : Je crois que j'ai hérité du mauvais caractère de ma mère!

(I believe I inherited my mother's bad temper!)

* On dit **les gens** mais non **les peuples** (people) sauf s'il s'agit de différents peuples au sens d'ethnies. On emploie le mot « peuple » pour désigner le prolétariat ou la nation.

Ex. : J'aimerais croire que les gens ne sont pas vraiment mauvais.

(I would like to believe that people are not inherently bad.)

Ex. : Nous avons lu un livre sur un peuple indonésien en voie de disparition.

(We read a book about an Indonesian people fast disappearing.)

Ex. : Le roi a tenté d'écraser le peuple avec des impôts injustes.

(The king tried to crush the people with unfair taxes.)

* Attention on fait de **la politique** (sens abstrait), mais on parle **des politiques** d'un gouvernement (sens concret).

Ex. : Je ne me rappelle pas qui a dit : « La politique est un mal nécessaire. »

(I cannot remember who said: "Politics are a necessary evil".)

Ex. : Les politiques du gouvernement sont aberrantes.

* Différenciez **savoir** et **connaître** qui se traduisent tous les deux par ***to know.***

- **Savoir + infinitif**

  Ex. : Je sais nager. (I know how to swim.)

- **Savoir + conjonction et proposition subordonnée**

  Ex. : Je sais que vous viendrez les voir demain.

  (I know you are coming to see them tomorrow.)

- **Savoir + une chose (expérience complète)**

  Ex. : Je sais ma leçon de géographie pour demain.

  (I know my geography lesson for tomorrow.)

- **Connaître + une chose (connaissance incomplète)**

  Ex. : Je connais l'histoire de France. (I know French History.)

- **Connaître + une personne**

  Ex. : Je connais le directeur de l'École bilingue.

  (I know the principal of the Bilingual School.)

- **Connaître + un animal**

  Ex. : Je connais bien Toto, le chien de Paul.

  (I know Paul's dog Toto well.)

- **Connaître + un endroit**

  Ex. : Je connais bien la ville de Bruges, car j'y ai vécu dans mon enfance.

  (I know the city of Bruges well, because I lived there when I was young.)

  * Attention à l'orthographe de **« par exemple »**

  Ex. : Par exemple, la souris est un rongeur, le koala non.

  (For example, a mouse is a rodent whereas the koala is not.)

  * Attention à la traduction de **« next, after** et **before »** dans les expressions de temps :

- **the next day** : le lendemain, le jour suivant, **MAIS PAS le jour prochain**
- **next year** : l'année prochaine
- **the year after** : l'année suivante
- **next month** : le mois prochain, le mois suivant
- **the day after tomorrow**: le surlendemain

  * Attention à la traduction de « **before »** dans les expressions de temps suivantes :

- **the day before** : la veille, le jour auparavant
- **the day before yesterday** : l'avant-veille
- **a month before** : un mois auparavant
- **a year before** : un an auparavant

  * Utilisation du mot « **an** » au lieu du mot « **année »**

- On utilise « **an »** avec un numéral cardinal (un, deux, trois…) :

  Ex. : Il y a cinq ans de cela. (It happened five years ago.)

- On utilise « **an** » pour indiquer l'âge de quelqu'un :

  Ex. : Mon frère a dix ans. (My brother is ten.)

- On utilise « **année** » avec un numéral ordinal (premier, deuxième, …) :

  Ex. : La première année d'université est difficile.

  (The first year at the university is difficult.)

  * L'expression ***au niveau de*** signifie « à la hauteur de, sur la même ligne que » qui suppose une comparaison, mais elle est employée abusivement dans un sens déformé. Il ne faut pas employer l'expression ***au niveau de*** à la place de : *en ce qui concerne, en ce qui a trait à, du point de vue de, dans le domaine de, en matière de, pour, dans, quant à, à propos de, pour ce qui est de.*

5. Éviter les tournures orales

   * **C'est possible que…** Employer plutôt : **Il est possible que + subjonctif**

   Ex. : Il est possible que tu viennes avec nous en Australie.

   (You might come with us to Australia.)

   * **C'est vrai que...** Employer plutôt : **Il est vrai que + indicatif**

   Ex. : Il est vrai que de nos jours la politique joue un rôle important.

   (It is true that politics play an important part nowdays.)

   * **Ça...** Employer plutôt : **Cela...**

   Ex. : Cela vaut la peine de prendre le temps de voter.

   (It is worth taking the time to vote.)

6. Autres tournures problématiques

   * **Il**/elle **est + nom de métier**

   Ex. : Elle est ingénieure. (Elles sont ingénieures.)

   (**Pas d'article** contrairement à l'anglais : She is **an** engineer.)

   * **C'est + article + nom singulier/Ce sont + des + nom pluriel**

   Ex. : C'est **un** architecte renommé.

   (He is a well known architect.)

   Ce sont **des** chercheurs réputés.

   (They are well known researchers.)

7. Les anglicismes
   L'anglicisme est insidieux. Il se faufile partout dans la langue lorsque la proximité de l'anglais et du français est grande. On trouve des anglicismes orthographiques (exercise au lieu de exerci**c**e, *traffic* au lieu de **trafic**); des anglicismes concernant le vocabulaire (*chatter* au lieu de **clavarder**, *computer* au lieu d'**ordinateur**); des anglicismes sémantiques (on emprunte le sens anglais et on francise la forme anglaise : la *batterie* de ma montre est morte au lieu de **la pile** de ma montre est morte; *sauver* du temps au lieu de **gagner** du temps; *mettre l'emphase* sur quelque chose au lieu de **mettre l'accent** sur…); parfois l'anglicisme a utilisé la syntaxe anglaise : elle *manque sa sœur* qui est partie en Afrique (she misses her sister who went to Africa) au lieu de **sa sœur lui manque** depuis qu'elle est partie en Afrique.

8. Attention à la différence entre l'infinitif et le participe passé des verbes en « ER »
   Procédé mnémotechnique :
   Pour savoir si le 2e verbe est un infinitif, le remplacer par un infinitif en « -IR, -OIR, -RE ».

   Ex. : Il faut mang**er** une pomme.

   (On peut remplacer le verbe manger par le verbe **prendre**.)

   Ex. : J'ai chant**é** une chanson québécoise.

   Prendre ne fonctionne pas ici ⟶ J'ai prendre une chanson québécoise (il faut donc un participe passé).

9. Les accords des adjectifs de couleur
   Ils sont **invariables :**

   - quand ce sont des **noms** qui sont employés comme adjectifs

   Ex. : des coussins **orange**, des yeux noisette.

   - quand ce sont des **adjectifs de couleur composés** (adjectif + adjectif ou adjectif + nom)

   Ex. : une veste **bleu foncé**; une chemise **vert pomme**.

   Notez que **rose** et **mauve** s'accordent tout le temps :

   Ex. : des rubans **roses**; des gants **mauves**.

   Les adjectifs de couleur sont **variables** dans les autres cas :

   Ex. : une chemise **bleue**; une jupe **blanche**; des chaussettes **vertes**.

Appendice 9

Les temps du passé

Les temps du passé les plus usités sont le passé composé, l'imparfait et le plus-que-parfait, quoique ce dernier soit moins fréquent. Quant au passé simple, il figure surtout dans les textes historiques et littéraires.

Tableau des temps du passé

TABLE 6.5

L'IMPARFAIT **Formation** : -ais, -ais, -ait, -ions, -iez, -aient **Aspect duratif :** **L'action dans le passé est en cours, elle n'est pas finie ou elle dure.** Temps de la **description :** *Il faisait beau, les gens bavardaient.* Temps de **l'habitude :** *Elle sortait toujours son chien le soir.* Temps pour indiquer **un fait passé :** *Les femmes ne votaient pas au 18e siècle.* Employé dans le **discours indirect :** *On disait qu'ils allaient se marier.* Dans des **phrases hypothétiques :** *Si tu lui donnais un sac de voyage.* Pour décrire **un fait qui a failli se produire :** *Encore cinq minutes et le bébé s'étouffait.* Employé avec « depuis » pour indiquer une continuité dans le passé : *Il était à Québec depuis deux semaines.*
LE PASSÉ COMPOSÉ **Formation** : auxiliaire ***avoir*** ou ***être*** **au présent + participe passé** du verbe conjugué. **Aspect accompli :** **L'action est terminée dans le passé :** *Le téléphone sonnait (durée)... quand elle est entrée au salon (à un moment précis, terminé au moment où on parle).* *Nous dînions dehors quand la pluie a commencé.* Employé avec « depuis » accompagné d'une négation : *Il n'a pas mangé depuis hier.* ACCORD DU PARTICIPE PASSÉ • **Les verbes de la liste de DR et MRS VANDERTRAMP prennent l'auxiliaire *être* et s'accordent avec le sujet :** *je suis partie; il est monté; elle est sortie; ils sont rentrés; elles sont venues; etc.* • **Les verbes pronominaux prennent aussi l'auxiliaire *être*. Le participe passé s'accorde avec le sujet, si le verbe n'a pas de Complément d'Objet Direct (COD) placé après lui.** *Ils se sont lavés dans la rivière.* (Pas de COD) Mais : *Elle s'est lavé* ***les cheveux***. (COD exprimé) • **Le participe passé des verbes employés avec *avoir* s'accorde avec le COD, si celui-ci est placé avant le verbe. Le COD peut être un nom ou un pronom.** *Voyez* ***les fleurs*** (COD) *qu'il a offertes à Marie. Elle* ***les*** (COD) *a mises dans un joli vase.*

LE PASSÉ SIMPLE (temps littéraire employé dans le récit écrit, presque jamais à l'oral)

Formation des 3 types de verbes :
- type « parler » : -ai, -as, -a, -âmes, -âtes, -èrent (je parlai…)
- type « finir » : - is, -is, -it, -îmes, -îtes, -irent (je finis…)
- type « croire » : -us, -us, -ut, -ûmes, -ûtes, -urent (je crus…)

Aspect accompli :
L'action est terminée dans le passé, comme pour le passé composé :
Ce pharaon mourut très jeune.

LE PLUS-QUE-PARFAIT

Formation : auxiliaire ***avoir*** ou ***être*** **à l'imparfait + participe passé** du verbe conjugué.

Aspect d'antériorité :
Il indique qu'une action précède une autre action dans le passé :
Il voulait aller voir un film, mais elle l'avait déjà vu.
Voir ci-dessus l'accord du participe passé.

Exercice d'application

En groupe de deux, imaginez une petite histoire au passé (maximum 100 mots) en essayant d'employer **le plus possible de mots** suggérés ci-dessous. Vous avez 10 minutes pour l'écrire et ensuite la présenter à la classe.

Articles : le, la, les, un, une, des

Noms : amie, librairie, journée, clown, littérature, année, université, gare, chapeau, travail, direction, choc, habit, plume

Adjectifs qualificatifs : grand, cher, jaune citron, long, beau, immense, vieux, différent, ancien, saumon, drôle

Verbes : voir, venir, arriver, entrer, porter, s'attendre, étudier, inciter, ressembler

Prépositions : à, sur, de, dans

Adverbes : près, curieusement, longtemps

Pronoms personnels : je, elle, on

Pronoms relatifs : que, laquelle, dont

Exemple :
Par une belle journée ensoleillée d'été, une ancienne amie est venue me rendre visite. Curieusement, je ne savais pas ce qui l'avait incitée à me recontacter après tant d'années. Tout ce dont je me souvenais à son sujet, c'est qu'elle avait trouvé du travail dans une librairie près de la gare après avoir terminé ses études en littérature à l'université, et qu'à l'époque on la considérait comme une intellectuelle à lunettes. Je n'avais reçu aucune nouvelle d'elle par la suite. Les autres personnes, avec lesquelles nous avions étudié, avaient toutes pris des directions différentes.

Lorsque Marie est arrivée, j'ai eu un choc. Elle portait un immense chapeau duquel tombaient de grandes plumes jaune citron. Sa longue robe saumon, sur laquelle avaient été appliqués des boutons d'une drôle de teinte, ressemblait à un vieil habit de clown. Bref, tout ce à quoi je ne m'attendais pas avant de la revoir.

Ce qui prouve que ceux et celles que l'on n'a pas vus depuis longtemps peuvent avoir beaucoup changé.

Appendice 10

La concordance des temps

La concordance des temps constitue l'ensemble des règles déterminant le mode et le temps du verbe de la proposition subordonnée par rapport au temps et au mode du verbe de la proposition principale et à la chronologie des faits (antériorité, simultanéité et postériorité).

L'ordre des procès : antériorité, simultanéité et postériorité

L'antériorité : lorsque le procès (action) exprimé par le verbe de la subordonnée précède celui de la principale. Les principaux emplois sont illustrés dans le tableau suivant :

TABLE 6.6

La proposition principale/La proposition subordonnée
indicatif présent → passé composé Ex. : *Je ne **veux** pas savoir ce que tu **as fait** hier.*
indicatif présent → passé récent Ex. : *Je ne **veux** pas savoir ce qu'il **vient de faire**.*
indicatif présent → imparfait de l'indicatif Ex. : *Je ne **veux** pas savoir ce qu'elle **faisait** pour gagner sa vie.*
indicatif présent → conditionnel passé (**interrogation indirecte**) Ex. : *Tu **te demandes** si **j'aurais pu** faire cela.*
impératif présent → passé composé Ex. : ***Appelle** le vendeur à qui nous **avons parlé** hier.*
impératif présent → passé récent Ex. : ***Appelle** le vendeur à qui nous **venons de parler**.*
impératif présent → imparfait de l'indicatif Ex. : ***Demande** à parler au vendeur qui **était** responsable de cette livraison.*
imparfait de l'indicatif → plus-que-parfait de l'indicatif Ex. : *Il **se sentait** mal parce qu'il **avait** trop **mangé**.*
imparfait de l'indicatif (**verbe d'obligation**) → subjonctif passé Ex. : *Il **fallait** qu'il **ait subi** un examen médical pour pouvoir faire la course.*
passé composé → plus-que-parfait de l'indicatif Ex. : *Il **a répondu** aux questions qu'on lui **avait posées**.*

La proposition principale/La proposition subordonnée
passé composé → passé récent Ex. : *Elle* ***a cru*** *qu'il* ***venait de partir.***
passé simple → plus-que-parfait de l'indicatif (**interrogation indirecte**) Ex. : *Elle* ***voulut*** *savoir s'ils* ***avaient participé*** *à la guerre.*
passé simple → passé récent Ex. : *Elle* ***sut*** *qu'il* ***venait*** *de mourir.*
futur simple → passé composé Ex. : *Tu me* ***diras*** *ce que tu* ***as étudié*** *pendant le cours.*
futur simple → imparfait de l'indicatif (**interrogation indirecte**) Ex. : *Tu lui* ***demanderas*** *s'il* ***était*** *présent au bal.*
futur simple (**après que**) futur antérieur Ex. : *Ils* ***partiront*** *après que vous* ***serez arrivés.***
futur simple (+ **après**) → infinitif passé (**1 sujet**) Ex. : *Il* ***dormira*** *après* ***avoir mangé.***
futur simple → indicatif présent (**phrase de condition**) Ex. : *Je* ***partirai*** *en voyage si je* ***réussis*** *aux examens.*
futur simple → passé récent Ex. : ***J'achèterai*** *la maison que nous* ***venons de visiter.***
conditionnel présent → imparfait de l'indicatif (**interrogation indirecte**) Ex. : *Je* ***voudrais*** *savoir si tu* ***étais*** *malade.*
conditionnel passé → plus-que-parfait de l'indicatif Ex. : *Vous* ***auriez dû*** *rappeler ceux qui vous* ***avaient téléphoné.***

La simultanéité : lorsque le procès (action) exprimé par le verbe de la subordonnée se produit en même temps que celui de la principale. Ces emplois sont illustrés dans le tableau suivant :

TABLE 6.7

La proposition principale/La proposition subordonnée
indicatif présent → indicatif présent Ex. : *Il* ***pense*** *que son patron* ***dit*** *des bêtises.*
indicatif présent (+ **sans**) → subjonctif présent Ex. : *Il ne* ***peut*** *parler aux étudiants sans qu'ils* ***soient*** *présents.*
indicatif présent → conditionnel présent (**interrogation indirecte**) Ex. : *Il* ***se demande*** *si elle ne* ***serait*** *pas jalouse de sa sœur.*

La proposition principale/La proposition subordonnée
impératif présent → indicatif présent (**phrase de condition**) Ex. : ***Prends*** *mon parapluie, s'il* ***pleut.***
passé composé → passé composé Ex. : *Il* ***est parti*** *quand* ***nous sommes arrivés.***
passé composé → imparfait de l'indicatif (**interrogation indirecte**) Ex. : *Il m'****a demandé*** *si je* ***connaissais*** *son père.*
passé simple → passé simple Ex. : *Le soldat* ***tomba*** *quand il* ***reçut*** *la balle.*
imparfait de l'indicatif → imparfait de l'indicatif Ex. : *On m'****écoutait*** *quand je* ***chantais.***
imparfait de l'indicatif → passé composé Ex. : *Il* ***travaillait*** *quand il* ***s'est blessé.***
plus-que-parfait de l'indicatif → plus-que-parfait de l'indicatif Ex. : *Il* ***avait eu*** *peur quand tu* ***étais entré*** *sans frapper.*
futur simple → futur simple Ex. : *J'****irai*** *au cinéma quand j'****aurai*** *du temps libre.*
futur simple → indicatif présent (**phrase de condition**) Ex. : *Vous* ***mangerez*** *s'il y* ***a*** *des gâteaux.*
conditionnel présent → imparfait de l'indicatif (**phrase de condition**) Ex. : *Il* ***prendrait*** *son parapluie s'il* ***pleuvait.***
conditionnel présent → indicatif présent (**interrogation indirecte**) Ex. : *Je* ***voudrais*** *savoir si tu* ***as*** *assez d'argent pour aller faire les courses.*
conditionnel passé → plus-que-parfait de l'indicatif (**phrase de condition**) Ex. : *J'****aurais acheté*** *un vélo si j'en* ***avais trouvé*** *un bon.*

La postériorité : lorsque le procès (action) exprimé par le verbe de la subordonnée se produit après celui de la principale. Le tableau qui suit illustre ces emplois :

TABLE 6.8

La proposition principale/La proposition subordonnée
indicatif présent → futur simple Ex. : *Le député* ***annonce*** *qu'il* ***quittera*** *la politique. / Je* ***me demande*** *s'ils* ***se marieront.*** (**interrogation indirecte**)
indicatif présent (**avant que**) → subjonctif présent Ex. : *Le patron le* ***congédie*** *avant qu'il* ***puisse*** *faire ses preuves.*

La proposition principale/La proposition subordonnée
indicatif présent (**verbes de doute et de volonté**) → subjonctif présent Ex. : *Je **veux** qu'elle **vienne** avec moi au cinéma demain.* Ex. : *Je **doute** qu'il **réussisse** à l'examen.*
passé composé → futur simple Ex. : *Le gangster **a fait** tant de vols de banque qu'il **aura** une sentence à vie.*
passé composé (**avant que**) → subjonctif présent Ex. : *Il **est parti** avant que **j'arrive.***
passé composé (**avant que**) → subjonctif passé Ex. : *L'avion **est parti** avant que nous **soyons arrivés** à l'aéroport.*
passé composé → conditionnel présent Ex. : *Le professeur lui **a donné** une leçon qu'il n'**oublierait** jamais.*
passé simple (**avant que**) → subjonctif présent Ex. : *Le soldat **mourut** avant qu'on **puisse** le transporter à l'hôpital.*
passé simple (**avant que**) → subjonctif passé Ex. : *Le professeur **ramassa** les examens avant que les étudiants **aient terminé**.*
passé simple → conditionnel présent Ex. : *Il **attrapa** une maladie que les médecins ne **pourraient** guérir.*
imparfait de l'indicatif → conditionnel présent Ex. : *Ses parents ne **savaient** pas s'ils **partiraient** en voyage pendant l'été.* (**interrogation indirecte**)
plus-que-parfait de l'indicatif → passé composé Ex. : *Ils **avaient aimé** leur quartier jusqu'au jour où de nouveaux voisins **sont venus** s'y installer.*
plus-que-parfait de l'indicatif → imparfait de l'indicatif Ex. : *Ils **avaient organisé** la conférence à laquelle nous **assistions.***
plus-que-parfait de l'indicatif → conditionnel présent Ex. : *Elle **avait annoncé** avant son départ qu'elle ne **ferait** plus de déclaration publique.*
conditionnel passé → conditionnel présent Ex. : *Elle **n'aurait pas dû** faire une promesse à ses enfants qu'elle ne **pourrait** pas tenir.*

Conjonctions et locutions conjonctives qui doivent être suivies d'un verbe au mode indicatif dans la proposition subordonnée : après que, aussitôt, comme, depuis que, dès que, étant donné que, même si, parce que, puisque, sauf si.

Conjonctions et locutions conjonctives qui doivent être suivies d'un verbe au mode subjonctif dans la proposition subordonnée : à condition que, afin que, à moins que, à supposer que, avant que, bien que, de crainte que, de peur que, encore que, jusqu'à ce que, pourvu que, quoi que, quoique, sans que.

Exercice d'application

Conjuguez correctement les verbes entre parenthèses selon les consignes.

Connaissez-vous la fable de *La laitière et le pot au lait* que Jean de La Fontaine (écrire – antériorité) ______________________ en 1678?

Cette fable met en scène une jeune laitière qui « prétendait arriver sans encombre à la ville » pour vendre son lait.

En résumé, Perrette transportait sur sa tête un pot au lait dont elle (prendre – simultanéité) ______________________ bien soin, car il (être – simultanéité) ______________________ posé sur un coussinet. Vêtue légèrement et de manière coquette, elle marchait d'un pas agile pour se rendre au marché. La jeune laitière, heureuse, mais un peu insouciante, rêvait et (anticiper – simultanéité) ______________________ ce qu'elle (pouvoir – postériorité) ______________________ acheter avec l'argent de la vente du lait sans l'avoir encore vendu.

En route, le lait prend la forme d'argent qui se transforme en œufs et en animaux. Perrette pense, entre autres, au porc et à la vache qu'elle (vendre – postériorité) ______________________ mais qu'elle (ne pas encore acheter – antériorité) ______________________ . Perdue dans ses rêves, Perrette saute et une catastrophe (se produire – simultanéité) ______________________ : le pot tombe et le lait (se renverser – simultanéité) ______________________ , ramenant ainsi Perrette à la dure réalité. De plus, elle (devoir – postériorité) ______________________ s'excuser auprès de son mari pour ne pas recevoir de coups. Quelle malchance!

Il est bon de rêver à condition que les rêves (ne pas devenir – simultanéité) ______________________ plus importants que la réalité! En d'autres mots, il ne faut pas prendre ses rêves pour la réalité!

Appendice 11

Les articulations logiques

Les articulations logiques sont les mots ou expressions charnières qui permettent d'enchaîner les idées de manière logique et harmonieuse dans un texte. Ces connecteurs figurent toujours dans les textes très structurés, tels que les textes argumentatifs, pour bien démontrer les étapes du raisonnement de l'auteur.

Voici les principaux mots et expressions charnières employés dans les textes pour :

- **introduire un sujet :** d'abord, tout d'abord, en premier lieu, à propos de, au sujet de, en ce qui a trait à, quant à, relativement à, pour ce qui est de, en ce qui regarde
- **ajouter une idée :** de plus, de même, en outre, outre, de surcroît, par surcroît, encore, et, également, aussi (pas en début de phrases), puis, et puis, voire
- **mettre en parallèle ou opposer deux idées :** d'une part... d'autre part, soit... soit, ou... ou..., tantôt... tantôt..., à première vue ... mais toute réflexion faite, non seulement ... mais encore, à première vue... mais à bien considérer
- **expliquer :** c'est-à-dire, effectivement, en effet
- **donner la cause :** car, étant donné que, puisque, parce que, en raison de, d'autant plus que (une cause + une cause), grâce à (cause reconnue comme bienfaisante), à cause de, comme (en début de phrase), du fait de, du fait que, de ce fait

  * Les locutions qui expriment une cause sont toujours suivies d'un verbe à l'indicatif.
- **illustrer une idée :** à titre illustratif, ainsi, par exemple, citons l'exemple de, un simple exemple suffira, prenons l'exemple de
- **exprimer l'opposition et la concession ou émettre des réserves :** or, toutefois, cependant, par contre, en revanche, au contraire, contrairement à, (et) pourtant, au lieu de, d'un autre côté, en dépit de, néanmoins, malgré tout, à l'opposé de, quand bien même, tout de même, quoi qu'il en soit, d'une manière/façon ou d'une autre, bien que + *subjonctif*
- **exprimer la conséquence :** alors, ainsi (donc), donc, aussi + *inversion* (*verbe – sujet*), c'est pourquoi, d'où, de sorte que, en conséquence, par conséquent, conséquemment à, pour cette raison, pour ces motifs
- **concéder :** certes... mais, il est vrai que... mais
- **détromper :** en réalité, en vérité, on m'objectera que... mais
- **renforcer une idée :** en effet, d'ailleurs, du reste
- **mettre en relief un fait, une idée :** en particulier, particulièrement, notamment, entre autres choses
- **exclure :** excepté, sauf, à l'exception de, hormis, mis à part, sauf en ce qui a trait à

- **atténuer :** encore + *inversion* (*verbe – sujet*), du moins + *inversion* (*verbe – sujet*)
- **indiquer le but :** à cet effet, à cette fin, afin de, pour, dans cette perspective, en vue de, dans cette optique
- **résumer, redire en d'autres mots et introduire la conclusion :** bref, en bref, pour résumer, en somme, dans l'ensemble, en définitive, tout compte fait, somme toute, au fond, en conclusion, en fin de compte, tout bien considéré, en un mot, en résumé, autrement dit

Exercices d'application

I. Complétez à l'aide de connecteurs et terminez les phrases en exprimant une suite logique.

1. Hier, j'ai eu une mauvaise journée : (introduire) ____________________ le réveille-matin n'a pas sonné, (ajout) ____.
2. (cause) ____, j'ai arrosé les plantes aujourd'hui.
3. Il a obtenu un emploi ____ (cause reconnue comme bienfaisante).
4. Il travaillera (but) ____.
5. Tous les véhicules passeront le test d'émission (exclusion) ____________________

   ____.
6. Je veux bien l'aider, (atténuation) ____.
7. J'aime les films d'aventure, (mettre en relief) ____.
8. Le chocolat n'est pas mauvais pour la santé. (Détromper) ____________________

   ____.
9. Elle a beaucoup étudié, (conséquence) ____.
10. Je t'achète un billet de théâtre (concession) ____.

II. Complétez le texte argumentatif en employant les mots et expressions charnières suivants : *bref, tout de même, cela étant, comme par exemple, de plus, il est aussi vrai, d'ailleurs, un autre avantage et non le moindre, par ailleurs, en effet, en vérité, cependant, certes.*

On entend souvent dire des parents que leurs enfants à l'école élémentaire ne devraient pas avoir de devoirs à faire à la maison. ______________, on ne saurait nier que les devoirs peuvent occasionner certains problèmes aux parents, ____________________ le temps que ces derniers doivent consacrer à aider leurs enfants les empêche de vaquer pleinement à leurs tâches quotidiennes. ______________, les parents sont souvent dépassés par les nouvelles méthodes pédagogiques et se sentent démunis pour faire face aux difficultés de l'enfant. ________________ que les enfants arrivent à la maison fatigués et qu'ils ont besoin de se distraire après une longue journée assis sur les bancs d'école. ____________, tout n'est pas négatif et il faut faire la part des choses. Les devoirs permettent aux parents intéressés de suivre l'apprentissage de leurs enfants. ________________, les devoirs à la maison favorisent le développement de bonnes habitudes de travail et de qualités telles que le sens des responsabilités et l'autonomie chez l'enfant. ________________, personne ne peut atteindre ses objectifs sans un minimum d'efforts.

________________________, les devoirs constituent un bon indicateur, pour les enseignants, de la compréhension des élèves. ____________, lors de la correction des devoirs, l'enseignant pourra noter les principales erreurs et réexpliquer la matière incomprise en classe.

______________, il est certain que les devoirs peuvent être une source de stress et de conflit pour les enfants et les parents, __________________, ils constituent un pont entre l'école et la maison et présentent plusieurs avantages. __________________ l'important est de ne pas surcharger de travail l'enfant après l'école, mais _________________ de lui donner la possibilité de faire un retour sur la matière enseignée en salle de classe.

Appendice 12

La revue critique de film

Le compte rendu de film est un commentaire personnel analytique d'une œuvre cinématographique.

1. L'introduction

Situer le film

- Par rapport aux autres films du réalisateur
- Par rapport à d'autres films du même genre
- Par rapport à une vogue pour ce genre de film, etc.
- Sa date de sortie

Le réalisateur

- Son pays d'origine (cela peut influencer le genre ou le contenu de ses films)
- Avez-vous déjà vu des films de lui?
- Quel genre de film affectionne-t-il particulièrement?

2. Le résumé de l'intrigue

(¼ de la longueur totale du compte rendu)

- Être concis, objectif.
- Ne pas tout dévoiler de l'histoire.

3. L'analyse critique du film

Votre opinion à propos…

- Du **titre :** Évoque-t-il des associations d'idées? Donne-t-il une indication de ce qui va se passer dans le film?
- Du **scénario :** Est-il basé sur un incident? Un événement réel et historique? Est-ce une adaptation d'un roman, d'une pièce de théâtre? Est-ce une suite, un *remake?*
- Du **milieu social** décrit : Quels milieux sociaux sont évoqués? Comment sont-ils présentés? Le film contient-il des références culturelles (historiques, politiques, religieuses, etc.)?
- De la **langue :** Est-elle standard, argotique ou verlanisée? Cela donne-t-il des indications sur le milieu décrit?

- Des **personnages :** Sont-ils conventionnels? Caricaturaux? Pittoresques? Bizarres? Marginaux? Attachants?
- Du **jeu des acteurs :** Ont-ils bien interprété leur rôle? Étaient-ils mauvais, excellents, crédibles? Pourquoi? Comment?
- De la **portée du film :** Quel est le but du film? Est-ce un divertissement? Contient-il un message? Le film dénonce-t-il un système politique? Véhicule-t-il une idéologie?
- Du **public visé :** S'adresse-t-il à tous les âges?
- Des **prises de vue :** Les angles de la caméra (*camera shots*) mettent-ils en valeur les personnages, l'atmosphère ou l'action du film? Décrivez une ou deux prises de vue que vous avez trouvée(s) particulièrement intéressante(s) et dites pourquoi.
- Des **images** et des **symboles :** Remarquez-vous la reprise de certains éléments symboliques? Y a-t-il un usage répété de certaines couleurs ou d'images symboliques? À votre avis, comment cela affecte-t-il le sens général du film?
- De la **musique** ou de la bande sonore du film : Soutient-elle l'intrigue ou non?

4. La conclusion

- Êtes-vous satisfait de la fin? Y a-t-il plus d'une interprétation possible pour cette fin? Est-ce que ce film a changé votre façon de voir les choses, les événements décrits dans le film? A-t-il stimulé votre intérêt pour le genre? **Ne pas oublier la « phrase accrocheuse ».**

Appendice 13

Le texte argumentatif : le plan dialectique

C'est une dissertation qui propose un raisonnement pour prouver et/ou réfuter une proposition. Après avoir exposé le sujet, il s'agit d'exposer les arguments de l'adversaire, qui seront suivis, dans la deuxième moitié de l'essai, de votre point de vue contestant l'argumentation précédente. Cette démonstration rhétorique exige une articulation précise.

1. Introduction

Situer la question/Présenter le sujet

Pour introduire le point de vue de l'adversaire auquel vous vous opposez :

Beaucoup de (jeunes) d'aujourd'hui croient que...
À l'encontre (des idées d'autrefois), aujourd'hui la plupart des gens pensent que...
C'est un lieu commun d'aujourd'hui que...
L'hypothèse que...

2. Développement

Thèse : Le 1er argument de l'adversaire : On peut imaginer que... si...
Le 2e argument de l'adversaire : S'il est exact que... il n'en reste pas moins vrai que...
Le 3e argument de l'adversaire : Il est clair que dans certains cas...
Conclusion préliminaire : On voit bien alors que... mais...

Entre les deux parties de l'argumentation, il faut une transition introduite ainsi :

Malgré ces arguments... Et cependant...
Il faut pourtant considérer... Mais examinons...

Antithèse : Réponse au 1er argument : D'abord, / En premier lieu, / Tout d'abord...
Réponse au 2e argument : Ensuite, / Par ailleurs, / D'autre part...
Réponse au 3e argument : Enfin, / En dernier lieu...

3. Conclusion

Résumer : En conclusion, on peut voir que...
Il est clair par ce qui précède que...

Élargir : Faire une réflexion ou poser une question qui débouche sur l'avenir

Références bibliographiques

D'Argenson, F.-L. (2002). « Les conduites à risques. » *Phosphore*, octobre, numéro 256.

ACTFL. (n.d.). « Expression Écrite. » American Council on the Teaching of Foreign Languages. URL : http://www.actfl.org/publications/guidelines-and-manuals/actfl-proficiency-guidelines-2012/french/expression-%C3%A9crite#intermediate. Consulté le 16 octobre 2015.

Bisaillon, J. (1991). « La Révision de texte : un processus à enseigner pour l'amélioration des productions écrites. », Communication présentée au 58e Congrès de l'ACFAS. Québec : Université Laval.

Burns, M. N. (1998). *All about French Nouns : Focus on Gender,* Boca Raton : Universal Publishers.

Chevrier, H.-P. (2001). *Le Langage du cinéma narratif,* Montréal : Les 400 coups.

Chevrier, H.-P. (1998). *Tendances du cinéma contemporain,* Montréal : Les 400 coups.

Contrex [Publicité]. (2007). « Aimer sa ligne, c'est combler ses besoins. » Nestlé Waters.

David, M. (2001). *La Grammaire du 3e millénaire,* Montréal : École Nouvelle.

Descotes-Genon, C., M.H. Morsel et C. Richou. (1999). *L'Exercisier*, troisième édition, Grenoble : Presses Universitaires de Grenoble.

France Langue. (n.d.). « Niveaux de français du CECR. » URL : http://www.france-langue.fr/pedagogie-du-francais/niveaux-de-fran%C3%A7ais.html. Consulté le 16 octobre 2015.

Grevisse, M. et A. Goose. (1993). *Nouvelle Grammaire française,* Paris, Louvain-La-Neuve : Éditions Duculot.

Groisin, D. (2001). « OGM : Les raisons de la bataille. » *Phosphore*, octobre, numéro 244, pp. 48-49.

Groleau, C.E. et C. Therrien. (2015). *L'abrégé : Gide de notions littéraires*, 2e édition. Anjou, Québec : Les éditions CEC.

Guerin, M. A. (2003). *Le Récit du cinéma*, Paris : Cahiers du cinéma/les petits cahiers/ SCÉRÉN-CNDP.

Hardy, D. (2002). « La Caféine pour planer. » *L'Actualité*, Vol. 27, numéro 19, p.15.

Jacot, Martine. (2002). « Vive l'école à la maison. » *Le Monde*, octobre.

Lisée, J.-F. (2014). « Temps durs pour le multiculturalisme canadien. » Le blog de Jean-François Lisée. URL : http://jflisee.org/temps-durs-pour-le-multiculturalisme-canadien/. Consulté le 12 juin 2016.

Losier, G. (1994). *Écrire : découverte du processus,* Toronto : Holt, Rinehart and Winston of Canada.

Moreault, E. (2014). « *Le vieux qui ne voulait pas fêter son anniversaire*: comédie explosive. » *Le Soleil*. URL : www.lapresse.ca/cinema/201406é/21/49-5694-le-vieux-qui-ne-voulait-pas-feter-son-anniversaire.php. Consulté le 7 mai 2015.

Niel, F.c et F. Bobin. (2002). « À qui profite la mondialisation. » *Phosphore*, septembre, numéro 255, pp. 38-46.

Popica, M. et I. Ste-Marie. (2014). *Paragraphes*, Anjou, Quebéc : Éditions CEC.

Purdy, S. (1995). *Émotions,* Boston : Houghton Mifflin Company.

Robbe-Grillet, A. et Y. Lenard. (1981). *Le Rendez-vous*, New York : CBS Publishing.

Rochefoucauld, Hélène de la. (2015, 23 juin). « Fanny Chiarello, prix Orange du livre. » *Le Figaro*. URL : http://www.lefigaro.fr/livres/2015/06/03/03005-20150603ARTFIG00369-fanny-chiarello-prix-orange-du-livre.php. Consulté le 7 mai 2015.

Sarfati, S. (2015, 7 mai). « *Ex machina*: l'âge de la machine. » *La Presse*. URL : www.lapresse.ca/cinema/201503/31/49-6652-ex-machina.php. Consulté le 7 mai 2015.

Simard, J. P. (1984). *Guide du savoir écrire,* Montréal : Les Éditions de l'Homme.

Vautier, B. (1998). « L'art contemporain est-il nul. » *Débat sur l'art contemporain*, septembre.

White, A. S. et R. Caminero (1995). « Using Process Writing as a Learning Tool in the Foreign Language Class. » *The Canadian Modern Language Review/La Revue canadienne des langues vivantes*, vol. 51, 2 (January/janvier), pp. 323-329.

Wilmet, Jacques. (2008). « Il était un petit navire… » *Le Français dans le monde*, juillet – août, numéro 358, pp. 40-41.

Page de copyright

Chapitre 1

Groisin, David. (2001). « OGM : Les raisons de la bataille. » *Phosphore*, octobre 2001, numéro 244, p.48-49. Copyright © Bayard Presse. Réimprimé avec la permission.

Jacot, Martine. (2002). « Vive l'école à la maison. » *Le Monde*, octobre. Copyright © Le Monde. Réimprimé avec la permission.

Oceguera, Sharon. (2004). Document étudiant non publié. Copyright © Sharon Oceguera.

Wilmet, Jacques. (2008). « Il était un petit navire... » *Le Français dans le monde*, juillet – août, numéro 358, p.40-41. Copyright © Le Français dans le monde. Réimprimé avec la permission.

Chapitre 2

Dussaillant-Fernandes, Valérie. (2003). Document étudiant non publié. Copyright © Valérie Dussaillant-Fernandes.

Moreault, Éric. (2014, 4 octobre). « Le vieux qui ne voulait pas fêter son anniversaire: comédie explosive. » *Le Soleil*. URL : www.lapresse.ca/cinema/201406é/21/49-5694-le-vieux-qui-ne-voulait-pas-feter-son-anniversaire.php. Copyright © Le Soleil. Réimprimé avec la permission.

Rhodes, Lewis. (2015). Document étudiant non publié. Copyright © Lewis Rhodes.

Sarfati, Sonia. (2015, 7 mai). « Ex machina: l'âge de la machine. » *La Presse*. URL : www.lapresse.ca/cinema/201503/31/49-6652-ex-machina.php. Copyright © La Presse. Réimprimé avec la permission.

Chapitre 3

Rochefoucauld, Hélène de la. (2015, 23 juin). « Fanny Chiarello, prix Orange du livre. » *Le Figaro*. URL : http://www.lefigaro.fr/livres/2015/06/03/03005-20150603ARTFIG00369-fanny-chiarello-prix-orange-du-livre.php. Copyright © Le Figaro.

Chapitre 4

Figure 4.1 : Contrex [Publicité]. (2007). « Aimer sa ligne, c'est combler ses besoins. » Copyright © Nestlé Waters.

Chapitre 5

Sosa, Manuela. (2010). Document étudiant non publié. Copyright © Manuela Sosa.

Appendices

Table 6.3 : M. Popica & I. Ste-Marie, *Paragraphes*, Anjou, Québec : Éditions CEC, 2014, pp. 30-32. Copyright © Éditions CEC.

Table 6.4 : Descotes-Genon, C., M. H. Morsel et C. Richou. (1999). *L'Exercisier*, troisieme edition, Genoble : Presses Universitaires de Grenoble, 1997, pp. 10-11. Copyright © Presses Universitaires de Grenoble.